ספר נטעי גבריאל

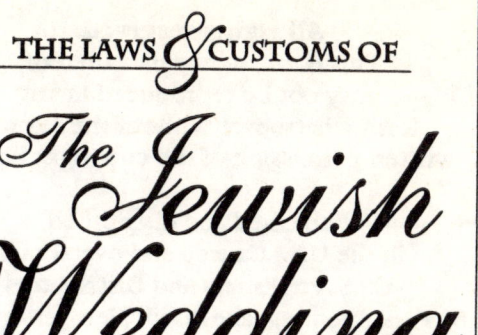

THE LAWS & CUSTOMS OF
The Jewish Wedding

RABBI GAVRIEL ZINNER

translated by
RABBI ELIEZER WEINBAUM

CIS
P·U·B·L·I·S·H·E·R·S
New York · London · Jerusalem

Copyright © 1993

All rights reserved.
This book, or any part thereof,
may not be reproduced in any
form whatsoever without the express
written permission of the copyright holder.

Published and distributed
in the U.S., Canada and overseas by
C.I.S. Publishers and Distributors
180 Park Avenue, Lakewood, New Jersey 08701
(908) 905-3000 Fax: (908) 367-6666

Distributed in Israel by
C.I.S. International (Israel)
Rechov Mishkalov 18
Har Nof, Jerusalem
Tel: 02-518-935

Distributed in the U.K. and Europe by
C.I.S. International (U.K.)
89 Craven Park Road
London N15 6AH, England
Tel: 81-809-3723

Typography: Fink Graphics
Cover illustration: Tova Leff

ISBN 1-56062-119-2 hard cover
1-56062-120-6 soft cover
Library of Congress Catalog Card Number
92-070693

PRINTED IN THE UNITED STATES OF AMERICA

הסכמה מאת
רשכבה"ג הרב הגאון ר' משה פיינשטיין זצוק"ל
ר"מ תפארת ירושלים
בנוא יארק

בע"ה

הנה הרב הגאון ר' **גבריאל צינגער** שליט"א מנהל רוחני דישיבת קהלת יעקב דפאפא, חיבר ספר חשוב בשם **נטעי גבריאל** אשר הוא חידושים וביאורים בעניני ש"ס, וגם שאלות ותשובות להלכה למעשה אשר עלו בידו לבאר בס"ד.

הרב הגאון הנ"ל כבר מפורסם בעולם התורה בחיבוריו הקודמים שחיבר לבאר דברי רבותינו הראשונים ז"ל ונתקבלו בחיבה יתירה. וגם בחיבורו זה ניכר גדולתו בתורה, ואיך שביאר כל דבר ודבר בעיון גדול וביגיעה רבה בטוב טעם ודעת ובביאור נכון מאד לאסוקי שמעתתא אליבא דהלכתא. ובודאי ראוי להוציא ספרו זה לאור עולם ויהנו מזה הלומדים שיעיינו בדבריו הנחמדים.

אמנם מחמת שהוא ספר של הלכה למעשה איני יכול לתת הסכמה על זה דצריך לעבור על כל דבר ודבר, וזה אין ביכולתי, מחמת רוב טרדותי. אמנם הסכמתי הוא שהרב הגאון המחבר שליט"א הוא גדול בתורה וראוי לעיין ולהתחשב בדבריו שנאמרו מאדם גדול אשר יורד לעומק הענינים.

ואני מברך להמחבר שליט"א שיצליחיהו השי"ת בחיבור זה כמו שהצליח בחיבוריו הקודמים על תוס' הרא"ש על מס' קידושין וביאוריו לס' שיטה לא נודע למי. ויזכהו השי"ת לחבר עוד חיבורים חשובים ויתבדרו ביני רבנן ותלמידיהון.

וע"ז באתי עה"ח כ"ז אייר תש"מ

משה פיינשטיין

הסכמה מאת

רשכבה"ג הרב הגאון ר' יצחק יעקב ווייס זצוק"ל

רב ואב"ד לכל מקהלות האשכנזים

פעיה"ק ירושלים תובב"א

בס"ד, ירושלים עה"ק ת"ו, יום ה' חיי שרה כ' מרחשון תשמ"ה לפ"ק

המפורסמות א"צ ראי', ה"ה ספריו היקרים והנודעים, של האי גברא רבה מבעלי ההוראה, הלן בעומקה של הלכה, הרב הגאון רבי **גבריאל צינגער** שליט"א, מברוקלין נ.י. יצ"ו, אשר אור תורתו שואף זורח בשערים המצוינים בהלכה, שמורה בכל וערוכה, ודבריו המה קילורין לעינים לת"ח ורבנים היושבים על מדין, גם לרבות בירורי הלכות על זמני ומועדי השנה דבר יום ביומו, ויצאו העם ללקוט למצוא דברי חפץ לדעת המעשה אשר יעשון.

וכבר אתמחי גברא ואתמחי קמיעא, כאשר נתנו עידיהן על הגאון המחבר שליט"א גדולי ופוסקי הדור, ובמיוחד מורו ורבו הגה"ק המפרוסם מוהר"י גרינוואלד זצוק"ל אבדק"ק פאפא, יען דלה מים מבארות נאמנים, ועיניו כיונים, על אפיקי ש"ס ופוסקים, שו"ע ונו"כ וגדולי האחרונים, קבץ כעמיר גורנה אמרים, ובאסוקי שמעתתא אליבא דהילכתא הולך מישרים.

ועתה כאשר איותה נפשו להו"ל עלים לתרופה, את אשר השיב לשואליו דבר ד' זו הלכה, אמרתי אף אני לשאת את ברכתי להרב הגאון המחבר שליט"א, כי יזכה לברך על המוגמר בקרוב, יהי ד' עמו, כי הוא בכלל מצדיקי הרבים אשר זכות הרבים תלוי בו, להפיץ מעיינותיו חוצה, הן במילי דשמעתתא, הן בהלכה גמורה, מתוך נחת והרחבה, ואך טוב וחסד ששון ושמחה ישכון באהלו כה"י, ונזכה לראות בקרוב בהרמת קרן התורה וישראל, בקיבוץ נדחי ישראל, בבנין אריאל, במהרה בימינו אמן.

הכו"ח לכבוד התורה ועמלי' בטהרה.

יצחק יעקב ווייס

רב ואב"ד פעיה"ק ת"ו

Acknowledgments

First and foremost I thank Hashem for giving me the opportunity to translate this *sefer* from the Hebrew edition of Rabbi Zinner. I am doubly thankful that "The Complete Mezuzah Guide" which I co-authored has, so far, been printed twice.

I am grateful to Rabbi Zinner for reviewing this translation with me twice. His vast knowledge has been extremely helpful as evidenced in the Hebrew footnotes.

I sincerely appreciate the encouragement of my parents, Rabbi and Mrs. Yosef Weinbaum.

I thank my in-laws, Mr. and Mrs. Anshel Steier for everything they do for us.

My wife, Tehila, has again helped me in the writing of this *sefer*. She should be blessed for permitting me to spend my days and nights learning Torah.

Hashem should bless my grandmother with many more healthy and happy years.

I am very thankful to Rabbi Berel Fink and Mrs. Gottlieb of Fink Graphics for the fine job they have performed on this sefer.

Eliezer Weinbaum
אליעזר וויינבאום

Table of Contents

1. Shabbos Preceding Wedding 13
2. Preparations for the Wedding 19
3. The Wedding Day 27
4. The Reception 39
5. Marriage Contract—Kesubah 42
6. Badekin and Preparations for the Chupah 47
7. The Chupah Canopy 51
8. Escorting the Chassan and Kallah 55
9. The Kiddushin 63
10. Laws of Birchas Eirusin 75
11. Birchas Nesuin & The End of The Chupah 79
12. The Yichud Room 87
13. Rejoicing at the Chasunah Meal 91
14. Sheva Brachos and the End of the Wedding 99
     Glossary 109

1

Shabbos Preceding the Wedding

1. The *Shabbos* preceding the *chasunah* is a festive occasion for the *chassan*[1] and *kallah*[2]

2. Since the *chassan* gets called up to the Torah on this *Shabbos* it is commonly refered to as the *"aufruf"* (called up) *Shabbos.*[3]

3. The *chassan* should wear new clothing on this *Shabbos.*[4]

---

(1) נוהג כצאן יוסף מערכת נישואין אות ב׳ וקורין לשבת זו שבן העלץ, כלומר הבן דהיינו החתן שמח, עשה״כ יעלזו חסידים בכבוד ירננו על משכבותם, ולזה נוהגים החזנים לנגן השכיבנו בליל אותה שבת עד חתימת ברכת ופרוש. ועי׳ מהרי״ל ה׳ ת״ב ומג״א סי׳ תקנ״א סק״ו ושו״ת חו״י סי׳ ס״ו ושו״ת נשאל לדוד ח״ב עמוד קפ״ט אות א׳.

(2) הרשב״א במשמרת הבית דף קס״ו, הובא בתורת השלמים יו״ד סי׳ קצ״ב סק״ד, ונוהג כצאן יוסף הנ״ל, וצ״צ פסקי דינים יו״ד סי׳ קצ״ה ס״ו.

(3) שגור בפי העולם היינו שבת שעולה לתורה.

(4) מנהגי מהרי״ל הל׳ ת״ב ומג״א סי׳ תקנ״א סק״ו, דרק בשבת חזון אסרו ללבוש בגדים חדשים ש״מ דבשאר ימות השנה היה המנהג ללבוש בגדים חדשים, ועיין בנטעי גבריאל בין המצרים עמוד צ״ח.

4. In earlier times the *chassan's* friends and relatives would gather together on the Friday night preceding the wedding to eat fruit and drink wine and the like.[5] Presently, the custom is to make a *kiddush* on *Shabbos* after *Mussaf*.[6]

5. There is a custom on this *Shabbos* morning to escort the *chassan* from his house to the *shul*.[7] Some have the custom to sing as they escort him.

6. In Jerusalem, in earlier times, the *chassan* would meet with rabbis and *roshei yeshivah* on this *Shabbos* to receive their blessings.[8] Nowadays it is customary to receive their blessings during the week.

7. On the *Shabbos* before his *chasunah*, the *chassan* receives an *aliyah*.[9] Some authorities hold that the *chassan* should get one of the first seven *aliyos*.[10] If there is no *kohen* it is proper for the

---

(5) מהרי״ל ה׳ ת״ב, וחו״י סי׳ ס״ו, ונוהג כצאן יוסף (מנהגי פפד״מ) עמוד קי״ב.

(6) שלחן העזר ח״ב דף י״ד ע״ב ועדות לישראל עמוד ב׳.

(7) מקורו ממס׳ סופרים סו״פ י״ט, ופדר״א סופי״ז דשלמה המלך ע״ה ראה שמדת גמ״ח גדולה לפני המקום, וכשבנה בית המקדש בנה שני שערים אחת לחתנים ואחת לאבלים ומנודים, והיו ישראל הולכים בשבתות ויושבין בין שני השערים הללו, והנכנס בשער חתנים היו יודעים שהוא חתן והיו אומרים לו השוכן בבית זה ישמחך בבנים ובבנות וכו׳, משחרב ביהמ״ק התקינו שיהיו חתנים ואבלים הולכים לבתי כנסיות ובתי מדרשות ואנשי המקום רואים את החתן ושמחים עמו ועליהם הוא אומר ראי גומל שכן טוב לגומלי חסדים.

(8) שד״ח מערכת חתן וכלה אות כ״ב.

(9) מג״א סוס״י רפ״ב ושערי אפרים שער ב׳ ס״ג. וכ״כ בספר כלילת חתנים (קיירה שנת עת״ר) פ״א אות א׳ מנהג האשכנזים בשבת שקודם הנשואין הקהל מביא את החתן לביהכ״נ, ועולה לתורה, ע״ד מאחז״ל, השרוי בלא אשה שרוי בלא תורה, ועתה כשנושא אשה הרי לו תורה, והחזן ינגן אחר ברכתו בתורה, אחד יחיד ומיוחד וכו׳.

(10) אמרי פנחס אות תתקס״ה שקורין לחתן לעלות מז׳ קרואים, ולא מפטיר שמראין בזה שהוא גדול וקידושין קידושין וקטן אינו עולה לס״ת, רק מפטיר, ומנהג סקווירא שעולה אחרון, וכמ״ש בב״י, ומג״א סי׳ קל״ו דנהגו שגדול הציבור עולה אחרון.

chassan to be called to the Torah first.[11] Many honor the *chassan* with *maftir*.[12]

8. If the *chassan* is away from his hometown on the *Shabbos* preceding the *chasunah*, the custom of receiving the *aliyah* and singing with the *chassan* is moved up to the last *Shabbos* before he leaves town for his wedding.[13]

9. The Torah should not be brought from the *shul* to the house[14] of the *chassan* in order to make a separate *minyan* in honor of the *chassan*. There are some authorities who permit the transporting of the Torah in honor of the *chassan*.[15] There is greater room for leniency on the *Shabbos*[16] following the *chasunah*.[17] Some say that if the Torah belongs to the *chassan* it can be transported in his honor in all circumstances.[18]

10. There is no obligation to give *aliyos* to the *chassan's* or *kallah's* parents or relatives, even though this is the custom.[18]

---

(11) שלחן העזר שם ע״פ הפר״ח או״ח סי׳ קל״ה דכתיב כחתן יכהן פאר, מה כהן בראש אף חתן בראש.

(12) שלחן העזר ח״ב דף י״ג ע״ב, וכן מנהג צאנז, וראה גם במ״ב סי׳ קע״א סקכ״א דנקט בפשטות שקורין חתן למפטיר.

(13) לבוש ומג״א סוס״י רפ״ב, ושערי אפרים שער ב׳ ס׳׳ג, וכן הורה למעשה כ״ק מרן הגה״ק מהר״א מבעלזא זי״ע להאדמו״ר מראחמסטריווקא שליט״א כשהלך להפרד אצל מרן דודו הקדוש לפני בואו לארה״ב על חתונתו, ואמר לו שיעלה לתורה בשבת שלפני נסיעתו.

(14) שו״ת אמרי יושר ח״ב סי׳ קצ״ח, וראה בשו״ת מהרש״ם ח״ו סי׳ ד׳.

(15) ספר חיים סי׳ ז׳ אות י״ט, ושו״ת אמרי דוד (הורוויץ) סי׳ נ״א, ושו״ת פתחא זוטא ח״א סי׳ ח׳, ושו״ת אגרות משה או״ח סי׳ ל״ד.

(16) משיב הלכה ח״ב סי׳ קע״ח שאע״פ שבאמרי יושר הנ״ל החמיר בדבר, לא החמיר רק בשבת שקודם החתונה שאין לחתן עדיין החשיבות, אבל לאחר החתונה בודאי מותר לטלטל.

(17) שערי אפרים שער ב׳ ס׳׳ג, ושלחן הקריאה סי׳ י״ב סק״ג.

(18) א״ר סי׳ קל״ו סק״א, ושערי אפרים.

11. There is no obligation to stand when the *chassan* is called to the Torah.[19] Some do rise in honor of the *chassan*.[20]

12. After the *chassan* recites the final *brachah* on the Torah, songs are sung in honor of the *chassan*. There is a poem titled *echad yachid u'myuchad* honoring the *chassan* which some sing at this time.[21] Some sing it before he recites the final blessing.[22]

13. The women throw sweets and nuts at the *chassan* as a sign of good fortune.[23] Some have a custom that the men also throw

---

(19) מערכי לב ח״ב דף קס״ז, וחינא וחסדא עמ״ס כתובות ח״א דף קכ״ט, ושכנה״ג סי׳ רפ״ב סקי״א שיש מקומות שאין נוהגין לעמוד.

(20) לדוד אמת (מהחיד״א זי״ע) סי׳ ה׳ אות נ״א, ושכנה״ג הנ״ל דיש לעמוד, ושכן הוא נוהג תמיד לקום לפני חתן.

(21) לבוש ומג״א סי׳ רפ״ב, ונהג כצאן יוסף מערכת נשואין אות ב׳, ושלחן הקריאה סי׳ י״ב, והטעם של זמר זה משום דחתן דומה למלך ונמחלין עונותיו והקב״ה עושה בקשתו ע״ד מלך פורץ גדר וממלא רצונו, אחר שהוא נקי מחטא, לכן מזכירין לו אחד יחיד ומיוחד דהוא נדרש לכל בר לבב אשר שואל. ועוד טעם הביא בשלחן העזר סי׳ ו׳ דכל בריאת הזווג לאדם הוא שלא יאמרו שני רשויות הן, הקב״ה בעליונים והאדם בתחתונים, לכן מזמרין אחד יחיד ומיוחד להורות שע״י הזיווג ידעו כולם שהוא יחיד ומיוחד.

(22) כתר שם טוב (גאגין) ח״א עמוד תקצ״ה אות ר׳, וכן מנהג סקווירא.

(23) כן מקורו מברכות דף נ׳ ע״ב ממשיכין יין בצנורות לפני חתן ולפני כלה וזורקין לפניהם קליות ואגוזים, ופרש״י שהיא משום סימן טוב. וכתב בגנזי יוסף סי׳ ק״ב שכ״כ בספר מנהגי בית יעקב, והביא גם מש״ס דכתובות דמובא שם לחלק קליות בנשואין, והוא בדף ט״ו ע״ב במשנה ריב״ב אומר אף חלוק קליות ראי׳, ופירש״י רגילין היו לחלק קליות לתינוקות בנשואי הבתולות עיי״ש, והוא סימן ברכה, ושיהיו פרים ורבים בלא צער כאגוזים הללו עיי״ש. ובמאסף (שנה י״ח, חוברת ו׳ סימן פ״ז) כתב דיש לזריקת האגוזים ענין אחר, עפ״י המובא בהלכות גדולות לענין ברכת אשר צג וכו׳ בשם המדרש, דנמשלו ישראל לאגוז, מה אגוז האוכל מכוסה עד זמן שבירתו, כך בנות ישראל מוסגרות עד נשואיהן עיי״ש, וא״כ מרמזים להחתן בזריקת אגוזים צניעות הכלה, ע״ד כלה נאה וחסודה עכ״ד. ולפענ״ד נראה עפימ״ש הגה״ק בעל משנת חסידים ז״ל בטעמו לפצוע אגוזים ביוכ״פ ממנחה ולמעלה לרמז שנתבטל החטא כי אגוז בגימטריא חט ושנמחל, וידוע מ״ש רז״ל על ויקח מחלת בת ישמעאל, דכשאדם נושא אשה מוחלים לו עוונותיו, וזה שזורקים אגוזים דהיינו החטא, לרמז כי ימחלו עוונותיו.

sweets. The children gather the sweets.[24]

14. One must be careful not to throw food which will be ruined in the process.[25]

15. The Torah should be covered during the singing, as it is disrespectful for the Torah to be uncovered for a long time.[26]

16. The custom is to make a *kiddush* to rejoice with the *chassan*. A *kiddush* is served even on the *Shabbos* prior to *Tishah B'Av*.[27]

17. Since the *Shabbos Seudah* (meal) which follows the *kiddush* must be eaten with appetite, one should be careful not to eat his fill at the *kiddush*.[28]

וגם אגוז בגימטרי׳ טוב, וז״ש רש״י משום סימן טוב ע״כ. וראה נוהג כצאן יוסף עמוד קי״ב, ושלחן הקריאה סימן י״ב ס״א.

ובענין המנהג שהנשים זורקין כתב בספר מאיר עיני חכמים (מהגה״ק רבי מאיר קארסטשוב) דף רל״ג ע״א מה שנוהגין העולם שקודם הנשואין החתן עולה לתורה, ובאין הנשים לביהכ״נ ומשליכין אגוזים ולעקך על החתן עיי״ש עפ״י סוד, וכ״כ בכלילת חתנים פרק ד׳ אות א׳ והנשים זורקין בראש החתן מיני מתיקה והילדים ילקוטון, וראה בדרכי חיים ושלום אות תתרמ״ה שכתב ואפי׳ כשבאו הנשים לצורך זריקת אגוזים בשעת הזמר להחתן בביהמ״ד פנימה לא מיחה ואמר מפני שרואין כי המתחדשים מבטלים מנהג זה ע״כ צריכין אנו לחזק לעומתם.

(24) ירושלמי סופ״ב דכתובות, וקידושין פ״א ה״ב דאיתא שם דקרובי החתן היו מביאין חביות מלאים קליות ואגוזים ושוברין לפני התינוקות, והתינוקות מלקטין אותן. וראה בגנזי יוסף סי׳ ק״ב ושלחן העזר ח״ב דף י״ג ע״ב שכתב ושמעתי וכמדומה כי כן ראיתי אצל צדיקים שחשו ג״כ ללקט בהגיע לידם ומנהג ישראל תורה הוא. וסיפר לי כ״ק אדמו״ר מויזניץ (ב״ב) שליט״א שכן נהג אביו הקדוש כ״ק אדמו״ר בעל אמרי חיים ז״ע ופ״א לעת זקנתו נפלו עליו ממתקים ורצו להגן עליו שלא יפלו עוד ולא הסכים, ואמר עס איז דאך א רפואה עכד״ק.

(25) שו״ע או״ח סי׳ קע״א ס״ב ומ״ב סקכ״א.

(26) א״ר סי׳ קל״ט סק״ח.

(27) מהרי״ל ה׳ ת״ב ונוהג כצאן יוסף עמוד קי״ב אות ב׳.

(28) מג״א סי׳ רמ״ט סק״ו, וראה בקונ״א לשו״ע הרב שם אות ד׳ שמיישב מנהג העולם שאין נוהגין כן עיי״ש.

18. There is a custom for the *chassan's* friends to eat fruit and drink wine before *Minchah* on this *Shabbos*.[29] This is called the *forshpiel*.[30] Some have the custom to get together on *Motzaei Shabbos*.[31]

19. The *kallah's* friends gather at her house to rejoice.[32] The girls should not sing so loud that men can hear them.[33]

---

(29) מהרי"ל ומג"א סי' תקנ"א סק"ו.

(30) בספר המטעמים אות קכ"ט כתב דזה ענין השם שקורין פארשפי"ל שמבקשים שהשבוע הבעל"ט יהיו בשמחה ובטוב לבב, ולא יארע שום מכשול ותקלה בשמחת החתונה, והוא לסימן טוב כי הכל נמשך משבת שעברה עכ"ד.

(31) כן המנהג בחצרות הצדיקים, וכ"כ בהליכות תימן (סדר החתונה) שעיקר השמחה הי' במוצש"ק.

(32) יוסף אומץ אות תתע"א ושלחן העזר סי' ו' סעיף א' וכ"כ באליה שלוחה (שאוורץ) עמוד פ"ו במכתב וז"ל וזוגתי נוסעים עוד היום למען תהי' על פאר שפיעל.

(33) יוסף אומץ שם, ושבט מוסר פרק כ"ד.

2

Preparation for the Wedding

1. Some have a custom that neither the *chassan* nor the *kallah* are left alone following the *aufruf*.¹

2. It is customary to visit the graves of relatives and righteous individuals before a *chasunah*.²

3. It is a *mitzvah* for one who is invited to a *chasunah* to attend; it is not proper to decline the invitation.³ It is, therefore, better not to extend a personal invitation to people who will not

---

(1) ביכורי יעקב סי׳ תרס״ט סק״ג ומנהגי חב״ד עמוד ע״ו.

(2) כן עמא דבר כמו שמצינו בסוטה דף ל״ז ע״ב שכלב הלך להשתטח על קברי אבות וכן מצינו במדרש ובספר הישר אצל יוסף כשהורידו אותו למצרים השתטח על קברי אמו. וראה במנהגי וורמייזא עמוד ש״ו שחתן וכלה אינם הולכים לבית אלמן שלשים יום קודם החופה ול׳ יום אחרי החופה, ע״כ. והמנהג אינו כן.

(3) לבוש סוף או״ח במנהגים אות ל״ד ע״פ גמ׳ פסחים דף קי״ג ע״ב ורשב״ם ותוס׳ שם.

come.[4] A wedding invitation in the mail, however, does not cause a problem for one who does not attend.[5] A public announcement about a wedding also does not cause a problem.[6] It is questionable if invited by phone causes a problem if the one invited does not attend.[7]

4. It is permitted to invite people on *Shabbos* to come to a wedding during the week.[8]

5. According to some views, it is not proper to print wedding invitations in *ksav ashuris,*[9] (the print used in a *Torah* Scroll) as it is improper to use *ksav ashuris* for non-Torah words.[10]

6. One should avoid using one of the forms of *Hashem's* Name that may not be erased,[11] in an invitation.

---

(4) חופת חתנים דיני סעודת נשואין ושלחן העזר ח״ב דף ס״ח ע״א עפ״י פת״ש יו״ד סי׳ רס״ה סקי״ח.

(5) שלחן העזר דף ס״ח ע״א, מאחר דקריאה זו כמה ימים לפני החתונה ואין עדיין חיוב סעודת מצוה אין קפידא עיי״ש וראה בהערות שם דף קל״ז ע״ב.

(6) שלחן העזר דף קל״ז ע״א. אכן ראה במגדל עוז להיעב״ץ בנחל העשירי דדוקא אדם שהוזמן לסעודה פעמיים לפחות, הוא מחוייב לבוא, שכן יקירי ירושלים לא היו הולכין לסעודה אא״כ נקראו פעמיים.

(7) קובץ תל תלפיות כרך ב׳ עמוד כ״ב.

(8) שו״ת לב חיים ח״ג סי׳ ע״ב.

(9) שו״ת כ״ס אה״ע סי׳ כ״ב, ושו״ת רב פעלים ח״ד יו״ד סי׳ ל״ב, ושו״ת שלמת שלמה ח״ב סי׳ צ״ג.

(10) יו״ד סי׳ רפ״ד ס״ב.

(11) דברי יחזקאל מהגה״ק משינאווע בתשובה סי׳ ג׳ והביא שם וז״ל וכן שמעתי שאדמו״ר הגה״ק מהר״ש מבעלזא זצללה״ה הוכיח לרב אחד שנתן לו קוויטיל והיה כתוב בו שם, אמר לו שגרם לו טירחה גדולה ומעתה יהיה זהיר בדבר עיי״ש. וכ״כ מו״ר כ״ק אדמו״ר מפאפא בתשובתו הנדפס בהמאור (ניסן שנת תשכ״א).

7. A *chassan* should learn all the laws of *niddah* before the *chasunah*.[12]

8. The *kallah's* parents should make certain the *kallah* learns from a reliable person all the laws that pertain to her.[13]

9. A *kallah* does not recite *shehecheyanu* at the first immersion.[14]

10. *Shehecheyanu* is not recited upon marrying. Some say it is proper for the *chassan* and *kallah* to recite *shehecheyanu* on their new clothes and have in mind their marriage.[15]

11. It is important for a *chassan* to have his hair cut before the *chasunah*.[16] Some cut their hair with a razor.[17]

12. It is a *mitzvah* to include poor people in the wedding celebration. Some serve a meal for poor people a few days

---

(12) שי למורה אה״ע סי׳ כ״ג, ומסיים מ״מ המוסיף על עצמו הרחקה ופרישות בדיבור ובמחשבה מקדשין אותו בזה ובבא ברבות טובה עיי״ש, וראה בחי׳ ח״ס בסוף מס׳ נדה דף מ׳ סיימנו מס׳ נדה בעזה״י בישיבה הרמה בק״ק מ״ד, עם תלמידים הגונים אלופים ומסובלים לקבל טהרה וקדושה עלולים עיי״ש לשונו הטהור, כנראה שלמד מס׳ נדה בישיבה.

(13) כ״כ רבינו יונה בספר היראה ילמד לבנותיך הלכות נדה וחלה וכו׳, וכ״כ בחפץ חיים בספרו טהרת ישראל, ונכון שקודם שנכנסות בנות ישראל לחופה אבותיה או קרוביה יבררו לה איזה עיקרים מהלכה זו אותן הדינים שצריכה להן לידע עיי״ש.

(14) שו״ת פאר הדור להרמב״ם סי׳ מ״ט, וברכ״י יו״ד סי׳ ר׳ סק״א, ושאילת יעב״ץ ח״א סי׳ ק״ז, ושו״ת ח״ס או״ח סי׳ נ״ה, ושו״ת טוטו״ד תליתאי סי׳ צ״ח, וקונטרס עיון תפילה.

(15) רוקח סי׳ שע״א ומהרי״ק שורש קכ״ח, וש״ך יו״ד סי׳ כ״ח סק״ה, ותבואות שור שם אות ד׳, ושו״ת ח״ס או״ח סי׳ נ״ה. וראה במו״ק ובמחזיק ברכה או״ח סי׳ רכ״ג סק״ה שאם האשה הגונה וחביבה להחתן יברך שהחיינו וגם הכלה תברך, וכבר העיר עליו בשד״ח מערכת ברכות פ״ב אות ד׳.

(16) ראה שו״ת מהריב״ל ח״ג סי׳ ע״ב, ובכרם שלמה ופ״ת סי׳ ס״ד סק״א, ושערי רחמים ח״א יו״ד סי׳ ל״א, ויפה ללב ח״ד סי׳ ס״ד סק״ד, וזכור לאברהם אה״ע אות ח׳.

(17) כן מנהג בעלזא.

before the *chasunah,* since, at the wedding itself the *chassan's* and *kallah's* family are busy and may not have time for the poor.[18]

13. In former days, there was a custom to serve a meal the night before the *chasunah* where the *chassan* met the *kallah.*[19] The

---

(18) מקורו בנוהג כצאן יוסף עמוד קי״ב אות ג׳, וכ״כ בכלילת חתנים פ״ד אות ה׳ עושים משתה בלילה שקודם יום החופה להעניים הנמצאים בהעיר ומחלקים להם כסף כל אחד כפי יכלתו והעניים משלחן גבוה זכו ונקראת חתן מאהל, ארום מאל ציי״ט, לפי שבליל החופה טרודים המחותנים בהקבלת פני הנכבדים, ולא ישימו עין אל העניים, ומספרים שפ״א בא השטן בלבוש עני אל המשתה ולא השגיחו עליו ועלה וקטרג ונענשו הזוג רח״ל, ומרצים בזה את העניים כרצון ה׳ עכ״ל. וראה בנשאל דוד ח״ב עמוד קע״ט סדר הנהגה של החתונה של ק״ק פרנקפורט (שנת תס״ו) אות א׳ וז״ל מיום השני עד יום החתונה, מחוייבים אבי החתן ואבי הכלה לעשות סעודה בצהרים, ולקרוא הקרובים ובני משפחתם, ולכל הפחות שיהיו עשרה קרואים כדי לברך ברכת המזון בעשרה, וראה במנהגי מאטעסדארף נדפס בבית ישראל תליתאה עמוד ע״ו אות ק״ט שמנהגם שז׳ ימים לפני החתונה היו בני הקהלה שולחים מאכלים ומשקאות לחתן ולכלה בין לעניים בין לעשירים. וכ״כ בדרכי חיים ושלום אות תתרמ״ט יום אחד לפני החתונה מכלילת בתו תחי׳ הגביל לעשות סעודה גדולה לעניי העיר, ורבינו (בעל מנח״א זצ״ל) בא עם בגדי שבת והיה משמש קצת בסעודה קודם בהמ״ז ישב קצת אצל השלחן, ואח״כ כיבד לעני בבהמ״ז, ואחר הסעודה חילק צדקה פזר נתן לאביונים הללו שהיה שם לכל אחד נדבות הגונות ע״כ, וכן מנהג וויזניץ וסקווירא וקאליב וכן עשה כ״ק אדמו״ר מפאפא זצ״ל בחתונת בנו הגה״צ אבדק״ק פאפא ב״פ שליט״א, לבקשת מחותנו כ״ק הגה״צ מווייצען זצ״ל סעודה זו, ואמר רבינו זצ״ל אם כי לא מקובל כן מאבותיו ז״ל, רק מאחר שכבודו רוצה, יעשו הסעודה ועשו הסעודה בבגדי שבת ע״כ.

(19) ב״ש אה״ע סי׳ ל״ה סק״ב ובית הילל שם שעושין סעודה שאין לקדש את האשה עד שיראנה. ומקור לעשות סעודה לחתן בלילה שקודם החתונה נזכר במאירי כתובות דף ז׳ ע״ב, לענין אמירת שהשמחה במעונו בבהמ״ז, כתב שלא נהגו לאמרו אף בסעודת חתן הנעשית בלילה שמחרתו כונס וכ״כ הכל בו הל׳ אישות דף מ״ה ע״א והובא בד״מ סי׳ ס״א ס״ב סקי״ז, וכנזכר המנהג באמרי פנחס אות תתקס״ב וראה ביד אפרים לשו״ע יו״ד סי׳ קצ״ז וז״ל ולפי מנהג מדינות אלו שבלילה שלפני החופה שעושין סעודה בבית הכלה שקורין חתן מאהל, ומביאין החתן ג״כ לשם עם הבחורים, לאחר הסעודה מייחדין החתן והכלה בחדר מיוחד (אולי הכונה בחדר בלתי מסוגר), מ״מ נראה שפיר שטובלת ביום דל״ש בזה סרך בתה דאע״פ שמייחדין אותם, מ״מ ידוע שהיחוד אינו לביאה רק בכדי לקיים דברי חז״ל דאסור לאדם שיקדש אשה עד שיראנה וגם יהא לבו גס בה ובכה״ג ליכא משום סרך בתה עכ״ל. וראה בויגד משה על עניני נשואין עמוד י״ד.

chassan and *kallah* would give each other presents.[20] Many opposed this custom.[21] Some served a meal just for the *chassan*, without the *kallah*.[22] Some feel the meal should be served dressed in *Shabbos* clothing. Some also had the *mitzvah* dance with the *kallah*.[23] Some served a meal for women in the

---

(20) נזכר במג״א סי׳ תמ״ד סק״ט, ונוהג כצאן יוסף עמוד קע״ב אות ג׳, ושו״ת מהר״ם מינץ סי׳ ק״ט.

(21) עזר מקודש השמטות לסי׳ ל״ה, ושלחן העזר ח״ב דף י״ד ע״ב כתב שאלו העורכים סעודה זו אפי׳ כשכבר נפגשו החתן והכלה לפני כן, ראוי שלא ימצאו החתן והכלה בצוותא, וכן מקובל שהגה״ק הישמח משה זי״ע התנגד על מנהג זה וכן התנגדו ע״ז כ״ק האדמורי״ם ממונקאטש סאטמאר וקאליב זצ״ל, וכ״ק אדמו״ר מפאלטישאן זצ״ל הראה לי בהגהות היד אפרים שלו שציין כמה מקורות נגד המנהג הזה.

(22) מאיר עיני חכמים עמוד רל״ד, וז״ל אבאר מנהגן של ישראל הקדושים שעושין קודם החתונה חתן מאל, וקודם בוא החתן סמוך לעיר שהכלה שם שולחת הכלה לנגדו אנשים ונשים ובחורים ובתולות כולם מלובשים בגדי שבת ויו״ט לקבל פניו ולהביאו לעיר בכבוד גדול וכו׳ ובודאי כל מנהגן של ישראל נתייסדו עפ״י סודות כמוסין עיי״ש עפ״י דרכו בקודש, וכן עשה כ״ק אדמו״ר מקאליב זצ״ל סעודה לחתן בנשואי בניו וכן נהג כ״ק אדמו״ר מהריי״צ מליובאוויטש בנשואי בנותיו ע״ה ואמר אז מאמר חסידות על הזמר לכה דודי ונדפס בספר המאמרים קונטרסים ח״א עמוד י״ז ולהלן.

(23) צדיקי בית טשערנאביל, וויזניץ וכן אדמור״י בעלזא החל מהגה״ק מהרי״ד זי״ע שנעשה חתן בן הרה״ק רבי אהרן מטשערנאבל מקפידים מאד על מנהג זה, ובעת החתן מאל של הגה״ק בעל דמשק אליעזר זצ״ל אחד מהחסידים היה לבוש בגדי חול ציוה הרה״ק בעל אהבת ישראל מויזניץ זי״ע שילך לביתו ללבוש בגדי שבת וראה בנשאל דוד ח״ב עמוד קפ״ט סדר החתונה של ק״ק פרנקפורט שנת תס״ז וז״ל ומיום השלישי ואילך והיינו יום אחד קודם מאנ״י מויל [חתן מאה״ל] מחויב החתן לילך לבה״כ עם מלבושי שבת וסרבל של יו״ט בכל בוקר וערב עם משרתיו, ולעמוד על מקום אביו בבית הכנסת עד יום החתונה. וראה במנהגי קאמרנא אות קכ״ז בעת חתונת מהר״ש מקאמרנא זצ״ל עם בת הרה״ק ר׳ ישראל מסטולין זצ״ל הציע הרה״ק ר׳ דוד מזלטופול, אבי אמה של הכלה שבסעודת הלילה שלפני החופה שקורין ״חתן מאל״, ירקוד עם הכלה, והסכים לזה רבינו מהר״ר יעקב משה אבי החתן, והרה״ק ר׳ חיים אלעזר ממונקאטש מחה על זה באמרו שזה נגד הדין, אמר לו מהרי״מ מקאמרנא, מנהג שמקובל מהרב הקדוש ר׳ נחום מטשרנוביל אין לדחותו ואם תתוודע להר״ד מזלטופול ותכירנו ותשמע מפיו תסכים גם אתה, אחרי שעשה הרבי ממונקאטש כדבריו וביקר אצל הר״ד מזלטופול אמר לחמיו, חוזרני ממחאתי ע״כ. ושמעתי מהרה״ח ר׳ מרדכי וויינבערגר שליט״א, שהמעשה אינו נכון, רק שהמנח״א מחה ע״ז ג״כ.

kallah's house.[24]

14. It is customary for a *kallah* to send her *chassan* a *tallis* and *kittel*[25] before the wedding.[26] Some say a *chassan* sends his

---

(24) מהר״ם מינץ סי׳ ק״ט שכתב נתן שליח החתן להכלה סבלונות, וראה בספר תקנות ניקולשבורג (משנת תפ״ח) תקנה פ׳ שבחורים ובתולות יוכלו להזמין כפי שירצו בלילה שלפני יום החופה, ולא יהי׳ שם כ״א עד חצי הלילה ולא יותר, ואח״כ ילכו הבחורים והבתולות כ״א ואחד לביתו. וכן שח לי כ״ק אדמו״ר מקאליב שליט״א שמקובל אצלם שגם הכלה עושה סעודה בליל זה לנשים.

(25) אור המאיר סוכות ואור לשמים בסוף הספר דף כ״ד ע״ב ובני יששכר תשרי מאמר י״ג אות ב׳ ושד״ח מערכת חו״כ אות י״א וראה בתולדות מנחם (מהרב קארצאג פי׳ על ספר המנהגים) ח״ג אות כ״א וז״ל, מה שביקש ממני להודיעו דעתי אם יש ממש בזה ששגור בפי נשים ואנשים מי שרוצה שאשתו תאריך ימים יכפיל הטלית במוצאי שבת, לע״ד אפשר שבא ממקור מנהג הדומה לזה, הספרדים נוהגין שאין לובשין טלית עד אחר נשואין, ונתנו רמז דכתיב לחם לאכל ובגד ללבוש לחם זו אשה ואח״כ בגד ללבוש. ומאמ״ו הגאון דק״ק חוסט שמעתי שדורשין סמיכות דכתיב גדילים תעשה וגו׳ כי יקח איש אשה, ול״נ מקור למנהג ספרדים שבא מבבל, בש״ס קדושין אמרו אמר שמואל נושא אשה ואח״כ ילמוד תורה ור״י דרש להיפוך עיי״ש דף כ״ט ע״ב וכתב בערך מילין שמואל הי׳ בבבל ואז הי׳ שם הפרנסה מצויה ולכן רצה לתקן שישאו נשים מיד אחר ח״י שנים שיעסקו בתורה ובקדושה, אך ר״י שדר בא״י ושם הי׳ אז הפרנסה קשה מעול הגלות ולא הי׳ אפשר לפרנס, ולכן אמר מתחלה ילמדו תורה ולא ימתינו על הנשואין כי קשה לזווג משום שקשים מזונותיו עיי״ש, ובזה אמרתי ליישב מה שמקשים כי בתפלת ויתן לך מקדימין ברכת המזונות לברכת פרי הבטן ובתורה כתיב להיפוך, ואמרתי שהמחבר הי׳ בארץ ישראל בעת שהפרנסה לא הי׳ מצוי, ומזה בא המנהג שהאשה מביאה טלית לחתן יען שלא הניחו בבבל שיניח טלית קודם נשואין כדי להראות שבלי אשה אינו בכלל איש, ולכן יען שהאשה מביאה הטלית, מזה בא ההקפדה שישמור הטלית לומר בזה שאינו מצפה לטלית אחר שתביא לו אשה אחרת ח״ו עכ״ד. וכ״כ בכלילת חתנים פ״ד אות ה׳ ועכשיו נהגו שאחר תפלת מנחה קודם החופה שולחת הכלה להחתן טלית חדש וראה בויגד משה עמוד כ״ג שכתב טעם עפ״י ספר הגן דרך משה פי״ב דטלית של ציצית הוא תיקון לחטא הידוע עיי״ש, ומה״ט שולחת אשה להחתן טלית שמצילתו מן החטא.

(26) שד״ח שם ע״פ סוד, וליקוטי מעם לועז דברים (כ״ב י״ג) כתב רמז דסמיך כי יקח איש אשה לגדילים תעשה לך, וזהו מקור למנהג לשלוח דורון לחתן טלית (ועיין בבעל הטורים שם).

kallah a veil that covers her face during the *chupah*.²⁷ Some *chassanim* send presents to their *kallos* before the *chupah*.²⁸ Nowadays, some give presents in the *yichud* room.

15. One should not summon a *chassan* to a court case on his *chupah* day and for the three preceding days. Some say seven days prior to the *chupah* a *chassan* should not be summoned to court.²⁹

---

(27) כלילת חתנים פ״ד אות ג׳, שלמדנו זה מרבקה אמנו שהיא נתקדשה ע״י שליח אליעזר וכאשר ראתה את יצחק, אז ותקח את הצעיף ותתכס, ולפי שהבעל גורם לה למדת הצניעות לכן הנהיגו שהוא יזכה בהמצוה משלו.

(28) אור לשמים דף ר״ד ע״ב, אכן בזמננו נתפשט המנהג שהחתן יתן מתנה להכלה בחדר יחוד.

(29) פ״ת חו״מ סי׳ ה׳ סק״ד בשם כמה אחרונים ועיי״ש חילוקי דיעות בזה.

3

The Wedding Day

1. A *chassan* and *kallah* fast on the day of their marriage.[1] The following reasons are given (a) Their sins are forgiven as on *Yom Kippur*.[2] (b) They may come to drink intoxicating beverage and their minds will not be clear during the *kiddushin*.[3] (c) The merit of fasting protects against arguments arising at the *chasunah*.[4] (d) All customs of a *chassan* and *kallah* are derived from the giving of the Torah

(1) רמ״א או״ח סי׳ תקע״ג ס״א, ואהע״ז סי׳ ס״א ס״א, ומקורו בתשובות מהר״ם מינץ סי׳ ק״ט, ושו״ת מהר״י ברונא סי׳ צ״ג וכ״כ באור לשמים דף ר״ד ע״ב.

(2) ראה במס׳ יבמות דף ס״ג ע״ב הנושא אשה עונותיו מתפקקין, ובירושלמי בכורים פ״ג ה״ג עה״פ ויקח מחלת בת ישמעאל (בראשית כ״ט ט׳) וכי מחלת שמה והלא בשמת שמה, אלא שנמחל לו כל עונותיו, וכ״כ במט״מ הלכות הכנסת כלה אות ב׳, וב״ש סי׳ ס״א סק״ו.

(3) מהר״ם מינץ הנ״ל.

(4) מהר״י ברונא סי׳ צ״ג ע״פ הגמ׳ שבת דף ק״ל ע״א ליכא כתובה דלא רמי בה תיגרא.

and the Jews fasted on the day the Torah was given to them.[5] (e) A *chassan* is judged on his wedding day.[6]

2. Although, prior to a non public fast one must say a prayer accepting the fast during *Minchah* of the preceding day, our custom is that a *chassan* and *kallah* do not say this prayer.[7] Because they do not say this prayer they are not obligated to fast the entire day and as soon as the *chupah* is over they may eat. It is best to stipulate before the fast that they will eat before nightfall.[8]

3. One only has to fast until the *chupah,* even when the *chupah* is in the morning.[9] The *chassan* and *kallah* may drink the wine following *birchas eirusin.*[10]

4. If the *chupah* is after nightfall, some say the *chassan* and *kallah* should fast until after the *kiddushin,* to satisfy the opinion that the reason for the fast is thay they should not get intoxicated prior to the *kiddushin.*[11] Others hold that the fast may be broken at nightfall, since the fast was for atonement and the day is over.[12] Therefore, if one finds the fast difficult, one may break

---

(5) תשב״ץ קטן אות תס״ה.

(6) במהר״י ברונא הנ״ל, לפי מאמרם ז״ל דמלך נידון בכל יום, והחתן דומה למלך, והרי הוא נידון ביום חופתו.

(7) רמ״א סי׳ תקס״ב, ומ״ב סקי״א, וערוה״ש אה״ע סי׳ ס״א סכ״א.

(8) ב״ח סי׳ תקס״ב, וא״ר סי׳ תקס״ד אות ו׳ , וחיי״א כלל קל״ב ס״י, ומ״ב סי׳ תקס״ב סקי״א, וכה״ח שם אות טו״ב, ושלחן העזר סי׳ ו׳ אות ו׳.

(9) שו״ע סי׳ תקס״ב ס״א, וחכ״א כלל קכ״ט ס״ב, וקשו״ע סי׳ קמ״ו ס״א, ודה״ח הל׳ אירוסין אות ב׳, וערוה״ש אה״ע סי׳ ס״א סכ״א.

(10) א״א מבוטשאטש או״ח סי׳ תקס״ב.

(11) סידור יעב״ץ, ודה״ח הל׳ אירוסין אות א׳, וערוה״ש אהע״ז סי׳ ס״א סכ״א.

(12) חכ״א כלל קט״ו ס״ב, וקישו״ע סי׳ קמ״ו ס״א, ופ״ת אה״ע סק״ט, ולקוטי מהרי״ח סדר נשואין כי כן הורה הגה״ק משינאווא זי״ע, ושד״ח מערכת חו״כ אות ד׳.

THE WEDDING DAY ■ 29

the fast after nightfall.[13] There is more room for leniency for the *kallah*.[14] However, no alcoholic beverages should be drunk.[15]

5. The *chassan* and *kallah* may rinse their mouths[16] and use toothpaste.[17]

6. The *chassan* and *kallah* fast even if they had a previous marriage.[18]

7. A *chassan* or *kallah* who has great difficulty fasting should not fast.[19]

8. Even those not fasting should abstain from drinking alcoholic beverages.[20] They should avoid eating or drinking excessively.[21]

9. There are certain days of the year that it is halachacly prohibited to fast. These include *Rosh Chodesh, Chanukah,* the fifteenth of *Shevat, Purim,* the fifteenth of *Av,* and the day following *Pesach, Shevuos* and *Simchas Torah*. There are other days where it is prohibited to fast only by custom such as during the month of *Nissan, Lag B'omer* and the like.

---

(13) כנלענ״ד להכריע.

(14) דהתענית אצל הכלה קיל דבכמה מקומות המנהג דאין הכלה מתענה כמ״ש בבן איש חי פ׳ שופטים אות י״ג, ושד״ח מערכת חו״כ אות ד׳, וראה בילקוט הגרשוני על הש״ס ח״ב בשו״ת סי׳ י״א, ושו״ת יד יצחק ח״ב סי׳ ק״ג.

(15) חכ״א וקישו״ע הנ״ל אות י״ד.

(16) שו״ע סי׳ תקס״ז ס״ב דבתענית יחיד מותר לשטוף פיו.

(17) ע״פ המג״א שם סק״ז, וא״ר אות ד׳, ומ״ב סקי״ב.

(18) א״ר סי׳ תקע״ג סק״א, שע״ת סק״א, מ״ב סק״ח.

(19) ערוך השלחן אהע״ז סי׳ ס״א סכ״א.

(20) ב״ש סי׳ ס״א סק״ו, חכ״א כלל קכ״ט ס״ב.

(21) ערוה״ש סי׳ ס״א ס״ק כ״א, קשו״ע סי׳ קמ״ו, חנא וחסדא עמ״ס כתובות (אזמיר ת״ל) ח״א דף קי״ח.

On days that it is halachically prohibited to fast, a *chassan* and *kallah* do not fast.[22] However they do fast on days that fasting is prohibited only by custom.[23] Some say that they need not fast on any day on which *Tachanun* is not recited,[24] and one may rely on this opinion.[25] However, the custom is to fast,[26] except when the *chassan* or *kallah* is weak.[27]

10. Concerning the customs of prayer on the wedding day; the *Yehi Ratzon* prior to the portion of the *Akeidah* and the *Tamid*, and the *Ribon Haolamim* before *Eizehu Mikoman* should be recited.[28]

11. Some hold that *Tachanun* is not recited during *Shacharis* when *davening* with the *chassan*.[29] Others say *Tachanun* because the *chupah* did not yet take palce.[30] The *chassan* does not say *Tachanun*.[31]

---

(22) שו״ע הרב סי׳ תכ״ט סי״ז, שלחן העזר דף ט״ז ע״א סק״א.

(23) שו״ע סי׳ תקע״ג ס״א, ומג״א שם סק״ב.

(24) נחלת שבעה סי׳ י״ב אות ט״ו, וא״ר סי׳ תקע״ג סק״ג, ופמ״ג מש״ז שם סק״א, ושד״ח מערכת חו״כ אות ד׳. ומנהג בעלזא שאף שאין מתענים בהם מ״מ לא יאכלו רק ישתו קאווע. ויש להעיר מרבינו יחיאל המובא בב״י סי׳ ת״ע שהבכורים בע״פ מותרין לאכול מיני תרגימא והיינו שאסור להתענות בניסן ומ״מ לא יאכלו כל שבעם וה״נ בימים אלו.

(25) א״א שם.

(26) א״א שם.

(27) נלמד ממט״א סי׳ תרכ״ד ס״ב, וראה ילקוט הגרשוני על הש״ס ח״ב שו״ת סי׳ י״א.

(28) קצות השלחן סי׳ י״ד בדה״ש אות א׳ נסתפק בזה ונוטה שיאמרו, לפי שיש נוהגים לאומרם אפי׳ בשבת ויו״ט.

(29) תה״ד ח״ב סי׳ פ׳ וכנה״ג או״ח סי׳ קל״ו, ושלחן שלמה שם סט״ז שלא לומר בשחרית דומיא לע״פ אע״ג דשחיטת פסחים הוא לאחר חצות וכולי יומא מועד דיליה הוא, וערוה״ש סט״ז ומ״ב שם סקכ״א, וכ״כ בשלחן העזר ח״ב דף כ״ו בשם רוב אחרונים דביום החופה אין אומרים תחנון, וכן מנהג בעלזא ועוד מקומות.

(30) פר״ח ס׳ קל״א אות ד׳, ודה״ח, וקישו״ע סי׳ כ״ב ס״ז, ומ״ב סקכ״א, וראה בברכ״י סק״ה שם, וכה״ח אות ע׳.

(31) שו״ת הרדב״ז ח״ב סי׳ קע״ט.

12. *Kel Erech Apayim* is recited;[32] some omit it.[33] The *chassan* does not say it.[34]

13. The *chassan* should receive an *aliyah* to the Torah on his wedding day. He has priority over everyone else.[35] The *chassan's* and *kallah's* relatives need not receive *aliyos.*[36]

14. If there are two *chassanim* in one *minyan,* one is given an *aliyah* and the other gets *hagbah.* A *Kohen* and *Levi* take precedence over the *chassanim.*[37]

15. The *chassan* receives the first *aliyah* when no *Kohen* is present.[38]

16. Regarding reciting *Yehi Ratzon* following the Torah reading, there is a difference of opinion as in the case of *Tachanun* (see paragraph eleven).[39]

17. Those davening with the *chassan* recite *Lam'natzeach Mizmor L'David* following *Ashrei.*[40] Others hold they should omit it.[41]

---

(32) נועם מגדים להפמ״ג סי׳ א׳, וקצות השלחן סי׳ כ״ה ס״ד.

(33) השלמת דברי נחמיה הנספח לשו״ע הרב סי׳ קל״א.

(34) נועם מגדים הנ״ל.

(35) לבוש ומג״א סס״י רפ״ב, ושערי אפרים שער ב׳ ס״ב, ויש לעיין אי דין זה אמור גם כשהחופה בלילה או אפשר דרק כשהחופה מתקיים ביום הוא קודם לכל וצ״ע.

(36) מקראי קודש כלל ו׳ ס״ב.

(37) מקראי קודש כלל י״ז ס״ח.

(38) פר״ח או״ח סי׳ קל״ה סק״א ע״פ הגמ׳ מו״ק דף כ״ח ע״ב מה כהן בראש אף חתן בראש. וראה בשו״ת פנים מאירות ח״ב סי׳ ג״ל שהיה מנהגם שהחתן ביום חתונתו מושיבים אותו בבית הכנסת במקום מכובד ומיוחד.

(39) נועם מגדים להפמ״ג סי׳ ה׳.

(40) רמ״א סי׳ קל״א ס״א, ונועם מגדים להפמ״ג סי׳ א׳.

(41) אבודרהם סדר ברכת אירוסין עמוד שס״א דאין אומרים יענך ה׳ ביום צרה, שהוא יום

18. *Tefilah L'David* (following *U'va Letzion*) is said if *Tachanun* is said.[42] Others hold it should be omitted even if *Tachanun* is said.[43]

19. The *chassan* should daven *Minchah* before the *chupah* even if the *chupah* will be over during the day.[44] (Minchah should not be prayed until a half hour after midday.)

20. The *chassan* should *daven* with a *minyan*.[45] Some say the *chazzan* should begin *Shemoneh Esrei* aloud until after *Kedushah* so the *chassan* can recite *Kedushah*.[46] If the *chassan* will daven with more concentration privately, he may do so.[47]

21. The *minyan* davening *Minchah* with the *chassan* omits *Tachanun*.[48]

22. The *chassan* and *kallah*, who are fasting, recite *Aneinu* in *Shomea Tefilah*.[49] This is true even if the *chupah* is during the day and they will not complete the fast.[50]

שמחה לחתן ולא יום צרה, וכ"כ בסידור הרב התניא דביום שאין אומרים תחנון אין אומרים יענך, וראה בהשלמת דברי נחמיה לשו"ע הרב סי' קל"א שיש נוהגין שאין אומרים יענך כשמתפללים עם החתן.

(42) כן נדפס בסידורים שבימים שא"א תחנון א"א תפלה לדוד.

(43) כ"כ באבודרהם סדר ברכת אירוסין וז"ל ותפלה לדוד שהם רשות ראוי שלא לאומרם.

(44) חופת חתנים סי' ו', ושלחן העזר ח"ב דף כ"ו ע"ב.

(45) שע"ת סי' תקס"ב סק"ח בשם שו"ת יד אליהו סי' ו'.

(46) שלחן העזר ח"ב דף ט"ו אות ו' בשם ספר מקורי מנהגים.

(47) כן עמא דבר, והטעם מובן שהחתן מתפלל ביתר כוונה ובישוב הדעת והבן.

(48) ברכ"י או"ח סי' קל"א סק"ה, ושע"ת שם סקי"ד, וקישו"ע סי' כ"ב ס"ז, ושו"ת רב פעלים ח"ד או"ח סי' ד', ושלחן העזר סי' ז' דף כ"ו ע"ב.

(49) שו"ע או"ח סי' תקס"ב ס"ב.

(50) רמ"א שם וערוה"ש ומ"ב שם ומחה"ש סי' תקפ"א סק"ג, וראה בטו"ז שם סק"א שדעתו שידלגו תיבות צום תעניתנו, אבל בבגדי ישע שם ומחה"ש ומ"ב העלו שא"צ לדלגם.

23. At the end of *Shemoneh Esrei*, prior to *Elokai Netzor*, the *Vidui* of *Yom Kippur* is recited by the *chassan* and *kallah*.[51] *Vidui* is said even on days when *Tachanun* is omitted.[52] Others disagree and hold that, on days that *Tachanun* is omitted, instead of *Vidui*, the fifty-first chapter of Psalms is recited after concluding *Shemoneh Esrei*.[53] The short *Vidui* in *Shomea Tefilah* may be recited.[54] It seems that on days like *Rosh Chodesh*, when fasting is prohibited, *Vidui* should not be recited. However, when it is only a custom not to fast, as in the month of *Nissan*, *Vidui* should be said.[55]

24. When the *chupah* is performed in the morning, the *Vidui* is recited during *Shacharis Shemoneh Esrei*. If the *chupah* is then delayed till after *Minchah*, the *Vidui* is repeated during *Minchah*.[56]

25. If *Vidui* was not recited prior to the *chupah*, it is not said after

---

(51) שלה״ק שער האותיות אות ק׳ (סדר ברכת נשואין) ודה״ח (סדר נשואין) אות ב׳, וקישו״ע סי׳ קמ״ו ס״ד וכרם שלמה אהע״ז סי׳ ס״ה אות י״ד והובא בפת״ש סי׳ ס״א סק״ט וכ״כ בספר ברכת אברהם (מנהגי הא״א מבוטשאטש) שיאמר וידוי העל חטא כמו ביו״כ, ובאמת גדול יום זה מיו״כ, כי יו״כ יש בכל שנה ושנה, ולא כן יום זה עיי״ש וראה במנהגי חב״ד עמוד ע״ו שמנהגם לומר הוידוי בקיטעל ע״כ..

(52) כר״ש הנ״ל ופ״ת סי׳ ס״ב סק״ט, וסידור עיון תפלה בשם הגה״ק מבוטשאטש, ושו״ת יד יצחק ח״ב סי׳ ק״ג, וכן העידו בשו״ת עצי חיים או״ח סי׳ כ״ז, ושו״ת לבושי מרדכי אהע״ז סי׳ מ״ט ושו״ת יד יצחק ח״ב סי׳ ק״ג ושד״ח מערכת חו״כ סי׳ ו׳ אות ג׳ ושלחן העזר ח״ב דף ט״ו ע״ב וקצה המטה סי׳ תרכ״ה סק״ב שכן נתפשט המנהג, וכן הורה מו״ר כ״ק אדמו״ר מפאפא זצ״ל.

(53) שבילי דוד אהע״ז סי׳ ס״ב, וילקוט הגרשוני על הש״ס ח״ב בתשובה סי׳ י״א בשם הגר״י אסאד, ושו״ת תורת יקותיאל ח״ב סי׳ מ״ב, ושלחן העזר ח״ב דף קכ״ח, וראה בנטעי גבריאל חנוכה עמוד ס׳ וראה בתשובות וביאורים (חב״ד) סי׳ ס״ו שיש לומר הוידוי יום לפני ר״ח.

(54) ויצבר יוסף סי׳ ס״ו.

(55) כנלע״ד להכריע.

(56) שלחן העזר ח״ב דף י״ז ע״ב.

the *chupah*, even during *Minchah*, because it is now a festival for the *chassan* and *kallah*.⁵⁷ Others hold *Vidui* may be recited after the *chupah*.⁵⁸

26. When the *chupah* is at night following *Maariv*, *Aneinu* and *Vidui* are not recited during *Maariv*.⁵⁹

27. Care should be taken to recite *Vidui* with extreme concentration.⁶⁰ Those whose prayers bring them to tears are praiseworthy.⁶¹ One must stand during *Vidui* and not lean on anything. One strikes his heart with the right fist, as on *Yom Kippur*.⁶²

28. When fasting, the following is recited before concluding *Shemoneh Esrei:* רבון כל העולמים גלוי וידוע לפניך בזמן שבית המקדש קיים אדם חוטא ומקריב קרבן ואין מקריבים ממנה אלא חלבו ודמו ואתה ברחמיך הרבים מכפר. ועתה בעונותינו חרב בית מקדשך ואין לנו מקדש ולא כהן שיכפר בעדנו. לכן יהי רצון מלפניך שיהא מעוט חלבי ודמי שנתמעט היום כחלב מונח על גב המזבח לפניך ותרצני יהיו לרצון.⁶³

29. A *chassan* does not say *Tikkun Chatzos* of *Tikkun Rochel* on the night of his *chasunah*; he can recite *Tikkun Leah*.⁶⁴ Those in the *chassan's* house also recite only *Tikkun Leah*.⁶⁵

---

(57) שלחן העזר ח״ב דף ט״ו ע״ב ודף קכ״ח ע״א בשם הגה״ק משינאווא זי״ע והגאון מהרי״ח זאננפעלד זצ״ל.

(58) שו״ת מנחת הקומץ סי׳ ל״ג.

(59) שו״ת חקל יצחק סי׳ ע״ט.

(60) סידור ישועת ישראל עמוד קע״ח כי עיקר אמירת הוידוי הוא הכוונה.

(61) קונטרס י״ד כסלו תשל״ט עמוד קמ״ו, תתפלל מנחה עם על חטא בכוונה נכונה ועצומה, וכל המרבה לבכות אז בתענית זה שנכנס כעיר״כ הרי זה משובח.

(62) עפ״י שו״ע סי׳ תר״ז, מג״א סק״ג וד׳.

(63) שו״ע סי׳ תקס״ה ס״ד.

(64) כה״ח (פלאגי) סי׳ ג׳ אות ל״ה, ושו״ת חסד לאברהם (אלקלעי) סי׳ ב׳.

(65) בן איש חי פ׳ וישלח אות ה׳, ושד״ח אס״ד מערכת ו׳ אות א׳.

30. The *chassan* and *kallah* should sanctify themselves on the day of their *chupah*. They should review all their deeds from their birth onwards and repent. They should beg *Hashem* for forgiveness and should regret all their sins. The *chassan* and *kallah* should accept upon themselves to serve *Hashem* fully, and to sanctify and purify themselves. During the *chupah*, they should pray that *Hashem* should dwell with them.[66] Our sages say that *Hashem* dwells with a married couple.[67] It is praiseworthy for the *chassan* and *kallah* to prepare whatever they need for the *chasunah* and their home before the wedding day, reserving that day for repentance and prayer. The *chassan* and *kallah* should ask everyone for forgiveness, as on *Yom Kippur*.[68]

31. It is proper on the *chupah* day for the *chassan's* and *kallah's* parents to make peace with any of their enemies.[69]

32. Some have a custom to fast on the day they marry off a child.[70]

---

(66) לשון השלה״ק בסדר האותיות אות ק׳ סדר ברכת נשואין, וכ״כ בקישו״ע סי׳ קמ״ו ס״ד. וראה בויגד משה על עניני נשואין עמוד ט״ו טעם על המנהג שביום החופה מרבים החתן והכלה בתפלה ובתחנונים עפ״י דברי רבינו בחיי יתרו (י״ט ג׳) כי התפלה יותר נשמעת בשעת עשיית מצוה ולכן תתפלל האשה על בנים ועל בעלה בשעת הדלקת נר שבת עיי״ש והנה אחז״ל יבמות דף ס״ב ע״ב על שאין לו אשה שרוי בלא שמחה בלא ברכה בלא טובה בלא חומה וע״כ עתה שהולך לישא אשה שמסוגלת להביא ברכה לביתו העת מוכשר מאד להרבות בתפלה, ממש כמו הדלקת נר שהוא מסוגל לבנים לכן התפלה מקובלת אז עיי״ש באריכות.

(67) סוטה דף י״ז ע״א ורש״י שם.

(68) עפ״י שו״ע סי׳ תר״ו ס״א.

(69) אורחות חיים הל׳ מילה עמוד י״ד ונהגו בכל מקומותינו שמי שמכניס בנו או בתו לחופה שמשלים על כל שונאיו וקורא אותן לאכול ולשמוח עמו כדי שיברכוהו, ולא יקללוהו.

(70) וכ״כ בליקוטי מהרי״ח עניני נשואין, ושלחן העזר ח״ב סי׳ ו׳ אות ו׳ כתב וכן שמעתי מהרבה אבות שנוהגין כן, וכ״כ בדרכי חיים ושלום אות תתנ״ב, וכן נהגו כ״ק אדמו״ר מהריי״ץ מליבאוויטש וכ״ק אדמו״ר מסקווירא זצ״ל שהתענו ביום חופת בניהם ועוד גדולים. וראה בדגל מחנה אפרים פרשת בא עה״פ לכל בנ״י היה אור, דחתן ולכל הנלוים אליו מוחלין להם עונותיו עיי״ש ובספר פסקי תשובה סי׳ קצ״ד הביא שהגה״ק בעל אמרי אמת מגור זצ״ל ציין

33. There is a custom for a *chassan*[71] and *kallah*[72] to complete the entire Psalms on their wedding day. It is praiseworthy for a *chassan* to learn *Mishnayos Kiddushin* on his wedding day.[73]

34. The custom is for a *chassan* to immerse himself in a *mikvah* before his *chupah* and repent for his sins in the *mikvah*. It is customary to immerse before *Minchah* as on the day preceding *Yom Kippur*.[74] Some have a custom to escort the *chassan* to and from the *mikvah*.[75]

35. One should give a large amount of *tzedakah* on his wedding day.[76]

מקור לזה מתוס׳ פסחים דף קי״ד ע״א ראיתו שם המיסב בסעודת ברית מילה או סעודת נשואין ניצול מדינה של גיהנם עכ״ל ומכ״ק אדמו״ר מפאלטשטן זצ״ל שמעתי פעם שאמר שהדגל עצמו זהו המקור מכיון שהוא תלמיד ונכד הבעש״ט הק׳ זי״ע בודאי הסכימו משמים כן עכ״ד

(71) שלחן העזר ח״ב דף קל״ה שכן מנהג ותיקין, וכן נהג הגה״ק בעל קול אריה זצ״ל וצוה כן להחתנים.

(72) מנהגי חב״ד עמוד ע״ה. וראה בקונטרס החתונה (חב״ד) שכ״ק אדמו״ר מהריי״ץ מליובאוויטש נ״ע אמר "יעדע ליידיקע מינוט אויסנוצן מיט זאגן תהלים" ע״כ.

(73) מפי כ״ק אדמו״ר מפאפא זצ״ל.

(74) חופת חתנים סי׳ ו׳ אות א׳.

(75) וראה בתשובת מהר״ם מינץ דף ק״א ונהגין להוליך החתן למרחץ עם הקרואים עיי״ש ובשד״ח מערכת חו״כ סי׳ כ״ד, ושמעתי מכ״ק אדמו״ר מבאבוב שליט״א שמרן הגה״ק בעל ד״ח זי״ע הלך ביום חופתו של החתן הגה״ק מהארנסטייפעל זצ״ל לטבול עמו.

(76) שלחן העזר ח״ב סי׳ ו׳ אות ה׳ בשם מדרש תלפיות חתן דומה למלך, מה המלך פותח יד לצדקה אף החתן כן, וכ״כ בילקוט מעם לועז דברים כ״ב י״ג ד״ה והדבר הששי ישתדל החתן לחלק צדקה ביום חופתו, וטעמו של דבר שאחת ממעלות צדקה שבזכותה אין האשה מפלת נפלים, ורמוז בתהלים וצפונך תמלא בטנם ישבעו בנים, ונאמר אח״כ אני בצדק אחזה פניך וכן פזר נתן לאביונים, ר״ת נפ״ל, ולכן ראוי לחתן לחלק צדקה שיהי׳ לו זרע של קיימא.

THE WEDDING DAY ■ 37

36. In *Eretz Yisrael* some *chassanim* go to *daven* at the *Kosel* on their *chasunah* day.[77]

37. Many ask a *chassan* to pray for them on his wedding day.[78]

---

(77) כן אמר לי כ״ק אדמו״ר מלעלוב זצ״ל שמקובל כן בשם זקנו הרה״ק רבי דוד מלעלוב זי״ע ע״כ וראה בספר על הגאולה ועל התמורה עמוד צ״ח.

(78) ויגד יעקב עה״ת בסוף חלק דברים כתב כן ע״פ המדרש חתן דומה למלך מה מלך גוזר ומקיים אף חתן כן, וזהו המקור להזכיר עצמו לחתן. עי׳ שלחן העזר ח״ב דף קל״ח ע״א בהערות של הגאון רבי משה לייב כ״ץ זצ״ל, וכ״כ בשיח שרפי קודש ח״א אות קפ״ז שהרה״ק הרי״מ מגאסטינין זי״ע הזכיר את עצמו ושם אמו, וגם שם בניו אצל כל חתן ביום חופתו.

4

The Reception

1. Prior to the *chupah* it is customary for the men to make a reception for the *chassan* and for women to have a reception for the *kallah*. Those invited come and sing.[1] In earlier times, this reception was accompanied with coaches led by horses.[2]

2. The *chassan's* family honor the guests with cake and drinks and offer wishes for a good life.[3]

3. The *kallah* is seated on a special chair.[4] The musicians should

---

(1) שלחן העזר ח״ב דף ח״י ע״א וראה בעדות לישראל דף נ״ג ע״א יסוד קבלת פנים, ושמעתי בשם הגה״ק מהרי״ד מבעלזא זי״ע הטעם שהולכין לקבלת פנים של חתן הוא כדי לראות ולהסתכל בתואר של אדם נקי מכל חטא דהרי חתן ביום חופתו מוחלין לו על כל עוונותיו ודפח״ח.

(2) כן מנהג צדיקי בית צאנז ומקורו מתוס׳ סוכה דף מ״ה ע״א ד״ה מיד רוכבים בסוסים לקראת חתן, שכן נהגו מחמת שמחת חתן.

(3) שלחן העזר שם אות ה׳ עפ״י מדרש תלפיות מה המלך פותח יד אף החתן כן עיי״ש.

(4) מוזכר במשנה כלים פכ״ב מ״ד ובתשב״ץ (קטן) סי׳ תס״ה וקורין שם זה ע״ש שמכסין את פני הכלה בהינומא כשיושבת על כסא זה כמ״ש רש״י סוטה דף מ״ט ע״א ד״ה אפריון.

entertain the guests with music in honor of the *kallah*.[5]

4. It is a *mitzvah* of *chessed* to make sure that the *kallah* is properly dressed and adorned for the wedding.[6]

5. It is customary in some circles to speak words of rebuke to the *chassan* during the reception.[7] Following the *chupah* this should not be done, as it is his festival and one may not make him sad.[8]

6. At some weddings the *chassan* says words of Torah during the reception.[9]

---

(5) ערוה״ש סי׳ נ״ה ס״י.

(6) אדר״נ פ״ד ה״א ובפי׳ בנין יהושע שם.

(7) שלחן העזר ח״ב דף ח״י ע״ב וכ״כ בשו״ת תירוש ויצהר סי׳ ל׳ וז״ל, ויסופר אשר הגה״ק ר׳ נפתלי הרבי מראפשיץ זצ״ל כאשר הזמינו אותו שיבא לקבלת פנים ולסדר קידושין בעירו כנהוג, לא סידר הקידושין עד שראה אשר החתן לפני חופתו מוריד דמעות. פ״א היה נקרא לבית החתונה וראה שהגם שהבדחן הרבה לעורר את החתן בדברי מוסר להביאו לדמעות אבל לא הועיל מאומה והחתן לא הוריד דמעות כי לב החתן היה מוצק כברזל, הרה״ק הנ״ל המתין עד בוש ולא חפץ לצאת להחופה, ובכבודו ובעצמו עלה על הספסל ואמר, ידידי החתן, אני רואה אשר הבדחן לא הביא אותך לבכיה, לכן אני אהיה הבדחן. ואספר לך מעשה שהיה: פ״א התרועעו הצבי והצביה ביער, והתעלסו באהבים, אכן פתאום עמד הצבי ממקומו ורצה לרוץ הלאה. הצביה נבהלה ואמרה אליו אהובי אנה תלך, והוא הראה לה כי מרחוק הולך הרובה איש ציד ולהקת כלבים מבוהלים סביבו, וכרגע היא שואלת אותו מתי נפגוש שנית, ובהחפזו לברוח הוא משיב בקול רועד, אנכי חושב כי הפגישה השניה שלנו תהיה לדאבוננו בצל קורת הסוחר הקונה מהרובה עור בשרי עם עור בשרך ע״כ, את המשל והנמשל הזה הבין החתן הזה וכמדקרת חרב ירד בלבו המובן והיה אנוס על פי הדבור של הרה״ק לפתוח עפעפיו ואגלי דמעה החלו להתגלגל על לחייו, ואז צעק הה״ק מנגנים טלו כנורותיכם בידכם והשמיעו קול זמרה, והשושבינים הוליכו החתן להחופה, עכ״ל ומכ״ק אדמו״ר מצאנז קלויזענבורג שליט״א שמעתי שאמר שמנהג זה הוא רק לחתן שאינו למד בישיבה וכדומה, אבל לבחור המתנהג כשורה אין המנהג להוכיחם ע״כ.

(8) שו״ת אפרקסתא דעניא סי׳ פ״ד.

(9) ראה באור לשמים בסוף הספר דף ר״ה ע״א, ושלחן העזר ח״ב דף ח״י ע״א, וכ״כ בספר שערי ירושלים הובא בספר מנהגי א״י (גליס) עמוד של״ו דאם החתן הוא חכם ויודע ספר

7. When the couple gets engaged, a written agreement called a *Tenaim* (betrothal contract) is made.[10] Some postpone writing the *Tenaim* until the wedding day, in this case the *Tenaim* is written during the reception.

8. After the *Tenaim* is written, it is read publicly. The custom is that an earthenware plate is broken after the reading of the *Tenaim*.[11]

9. After the reading of the *Tenaim* the *Kesubah* is completed.

ידרוש קודם החופה דרוש בגפ״ת, מענין פרשת השבוע או מענין היום. וכן מנהג פולין וכן מנהג בבעלזא, וידוע בהחתונה הגדולה באוסטילה אמר זקן הצדיקים הגה״ק מאפטא זי״ע פלפול לפני החופה וכן אמר ד״ת בסעודת הנשואין, כמ״ש בספרן של צדיקים עמוד ל״ג, וקובץ אורייתא חט״ו עמוד ש״ה ושמעתי כשהגה״ק מבילוגריא זצ״ל הכין את הפלפול על דברי הפנ״י. א״ל אביו הקדוש זי״ע טוב עשית שהרי אנו מנכדי של הפנ״י ובודאי יהיה בחתונה ויהנה מזה, וכדאי להרצות מחידושיו עכד״ק, והייתי פעם אצל קבלת פנים בנוכחת הגאון רבי אליעזר זילבער ז״ל ואמר שמנהג ותיקין שחתן דורש בתורה לפני החופה ולא הסכים שהבחורים יפסקו באמצע הדרשה ע״כ.

(10) שו״ת מהרש״ם ח״ג סי׳ קכ״ז ושו״ת אמרי יושר ח״ב סי׳ קכ״ב ושו״ת אהל יהושע סי׳ ע״ו ושו״ת מנחת יחיאל ח״ג סי׳ י״ד וכן מנהג בעלזא וסקווירא. ובעניי לא זכיתי להבין האיך המנהג שקורין התנאים רגעים ספורות לפני החופה, שכל עניני שנכתב שם ל״ש אז שכבר נגמר הכל, ועוד שכמה פוסקים ס״ל דטעם כתיבת תנאים, שבלי כתיבת התנאים לא מהני שבעה נקיים לפני החתונה לפי שאינה סומכת דעתה ראה בפת״ש יו״ד סי׳ קצ״ב סק״א ושו״ת אמרי יושר ח״ב סי׳ ר״ג ושלחן העזר ח״א דף י״ז ע״ב אות א׳ וזה ל״ש עתה וצ״ע להבין המנהג.

(11) עי׳ פרמ״ג או״ח סי׳ תק״ס ס״ק ב׳ במשבצות זהב.

5

Introduction

Our sages taught us that a person who marries is obligated at the termination of the marriage, either by his death or through divorce, to give his wife a set amount of money, 200 *zuz* if it's her first marriage and 100 *zuz* if she had a previous marriage. This obligation is written down and called *kesubah*, which literally means a written obligation.

The *kesubah* document is a written testimony to the *chassan's* acceptance of this responsibility. It must be signed by witnesses who can testify in a Jewish court.

Our *kesubah* document, in addition to the actual *kesubah* responsibility, also enumerates other responsibilities the husband has to his wife such as his marital responsibilities and other monetary responsibilities.

Kinyan is an exchange where the recipient of goods or responsibilities gives an article of his to the grantor whereby he acquires the goods. Prior to the signing of the *kesubah*, a *kinyan* is made from the *chassan* through which he becomes responsible for all the obligations of the *kesubah*.

Marriage Contract-Kesubah

1. The *chassan* is responsible to buy the *kesubah* or to pay a scribe to write it.[1]

2. All the letters and words in the *kesubah* should be evenly spaced and neatly written or printed.[2]

3. When one purchases a *kesubah,* an empty space is left to fill in the date and the names of the *chassan* and *kallah.*[3]

4. Some recommend that the complete *kesubah* be written specifically for each couple,[4] however this is only if it will be as

---

(1) שו״ע סי׳ ס״ו ס״א ובי״ש וח״מ שם סק״ג.

(2) שו״ע חו״מ סי׳ מ״ב ס״ג.

(3) ראה בחו״מ סי׳ מ״ח ס״א ובש״ך סק״א, ובתומים שם אות א׳, וראה בשו״ת לחם רב סי׳ ט״ו, ובשלחן העזר ח״ב דף כ״ג ע״א.

(4) שם בשלחן העזר בשם מרן הגה״ק בעל ערוגת הבושם זצ״ל, וכן נהג כ״ק אדמו״ר מצאנז קלויזנבורג שליט״א.

neat and free of mistakes as a form *kesubah*.[5]

5. On all *kesubas* the word וקנינא is omitted and is not written in until after the *kinyan* is made.

6. After the words are filled into the blank spaces of a *kesubah*, a dash should be made to insure that there is no empty space.[6]

7. The last words of the *kesubah* should reach the end of the line.[7]

8. We accept a *kinyan* from the *chassan* to make him responsible for everything in the *kesubah*.[8]

9. One of the witnesses,[9] or someone present acting as an agent of the *kallah*, the recipient, hands an object to the *chassan* whereby, in return, he accepts responsibility from him.[10]

10. The *kinyan* is performed in the prescene of the wittnesses.[11]

11. The word וקנינא, which means "we accepted a *kinyan* from

---

(5) ראה בחו״מ סי׳ מ״ב ס״ג כמה דברים שיש ליזהר בתיקון שטרות שיהיה הכתב מיושר ולא יעשה מיודי״ן ווי״ן או להיפוך, ולא יקרב ולא ירחק האותיות יותר מדאי עיי״ש, לכן מוטב ליקח כתובה הנדפסת בדייקנות.

(6) שו״ת מהר״ם מינץ סי׳ ק״ט, ונחלת שבעה סי׳ ג׳ אות י״ז.

(7) שו״ע חו״מ סי׳ מ״ה.

(8) רמ״א אה״ע סי׳ ס״ו ס״א.

(9) כ״כ הראבי״ה במשפטי הכתובה וז״ל ונהגו העם שמקנין בסודר העדים כדי שלא יתחלף להם בין מקנה לקונה והעדים דעתם לתת אותו לקונה כדי שיקנה, ועדים שלוחתייהו דקונה ומקנה עבדי וכ״כ בחופ״ח.

(10) מחזור ויטרי סי׳ ת״ע והרוקח סי׳ שנ״ד.

(11) רמ״א אה״ע סי׳ ס״ו ס״א.

him," should be written after the actual *kinyan* is performed.[12] If it was written prior to the *kinyan* it is acceptable.[13]

12. A *kesubah* written in the daytime is valid even if the *chupah* is held at night, as long as the *kinyan* was performed during the day.[14]

13. Some designate a separate set of wittnesses for the *kesubah*. They do not use the wittnesses of *kiddushin,* because the more people that participae increase the honor of the *chassan* and *kallah*.[15]

14. The wittnesses should know the *chassan* by the name written in the *kesubah*.[16]

15. The witnesses must read the *kesubah* before signing it.[17]

16. The witnesses should read the *kesubah* in front of the *chassan* to make him aware of his obligation.[18]

17. The witnesses may sign only after they saw the *kinyan*.[19]

---

(12) שו״ת מהר״ם מינץ סי׳ ק״ט.

(13) תשב״ץ ח״ג סי׳ ש״א, ומנחת פתים אה״ע סי׳ ס״ו ס״א, ושלחן העזר ח״ב דף כ״ד ע״ב.

(14) ב״ש סי׳ ס״ו ס״ד, ומנחת פתים אה״ע סי׳ ס״ו בשם הרמ״ע מפאנו.

(15) שו״ת מהר״ם מינץ סי׳ ק״ט, ומהרי״ל הל׳ נישואין ונחלת שבעה סו״ס י״ב, ותשב״ץ ח״ב סי׳ ז׳, ועזר מקודש סי׳ מ״ב, ובית יצחק (דאנצוג) סי׳ ע׳, וחוסן ישועות שעל קישו״ע סי׳ קמ״ז, ועדות לישראל עמוד י״ז שכן הוא המנהג בעיה״ק ירושלים, וכ״כ בנהר מצרים אות ט׳.

(16) שו״ע חו״מ סי׳ מ״ט ס״ב, וראה בפ״ת שם סק״א.

(17) ראה בשו״ע אה״ע סי׳ ס״ו ס״ג, וחו״מ סי׳ מ״ה ס״ב, ושו״ת תשב״ץ ח״ג סי׳ ש״א, ונחלת שבעה סי׳ ב׳ וכבר מבואר כן ברוקח סי׳ שנ״ד וז״ל צריכים העדים לראות בכתובה לידע התנאי (היינו פרטים שבכתובה).

(18) רמ״א אה״ע סי׳ ס״ו סי״ג.

(19) רמ״א סי׳ ס״ו ס״א, וראה במנחת פתים שם ס״א שבזמנינו שבכל שטרי הכתובות כותבים

18. The witnesses sign one beneath the other. Each signature should start at the beginning of the line.[20] They should not leave a space of a line between their signatures.[21]

19. The first witness should not leave space of a line between his signature and the bottom line of the *kesubah*. If a space of two lines is left the *kesubah* is not valid. [22]

20. The older witness should sign first.[23] If the younger witness is a scholar, he signs first.[24]

21. The witnesses sign their names and their fathers' Hebrew names[25] followed by the word עד.[26] Technically the word עד need not be written.[27]

22. The wittnesses should sign their full names without using abbreviations.[28]

וקנינא, אם לא קבלו קנין והעדים חתמו, הכתובה פסולה לפי שמזוייף מתוכו, ועיין בשו״ת באר חיים מרדכי סי׳ נ״ט.

(20) אה״ע סי׳ ק״ל ס״ב.

(21) שם סי׳ מ״ד, ושו״ת משפטי שמואל סי׳ קל״ג.

(22) חו״מ סי׳ מ״ה ס״א וס״ו.

(23) שלחן גבוה יו״ד סי׳ רמ״ד סקל״ה.

(24) שלחן העזר ח״א דף מ״ד ע״ב.

(25) שו״ע אה״ע סי׳ ק״ל סי״ב, וערוה״ש שם ס״ג, ע״פ שו״ע חו״מ סי׳ מ״ה ס״ב.

(26) קיצור נחלת שבעה סי׳ ב׳ אות ז׳, ושו״ת שבט בנימין סי׳ קפ״ו, ושו״ת בית אבי ח״ב סי׳ קכ״ב.

(27) ב״ש סי׳ ק״ל סקי״ט ולבוש שם ס״א דדוקא בגט שכולל מדברי הבעל, צריך לחתום עד לומר שהוא מעיד שכן אמר הבעל לאשתו וכתב לה ואם לא חתם עד היה משמע שהבעל מספר את הדברים, משא״כ בשאר שטרות שהוא לשון עדות א״צ לחזור ולכתוב עד בחתימתן עיי״ש.

(28) יפה ללב ח״ד אה״ע סי׳ ס״ו סק״ה.

6

Badekin and Preparations for Chupah

1. Prior to the *Chupah* it is customary to place a veil on the *kallah's* face. This is called the *"badekin"* - literally "the covering."

2. Our custom is that the *chassan* is escorted to the *kallah* amidst singing and dancing[1] and places the veil on her.[2] There is a custom that prominent people[3] attending the wedding

---

(1) ערוה״ש סי׳ נ״ה סק״י.

(2) ב״ח שם והביא שכן המנהג במדינת רוסיא להקפיד שילך החתן עמהם והחתן יאחז בכיסוי ע״י הרב והחשובים לכסות ראשה, וכ״כ בערוה״ש סי׳ נ״ה ס״י וכתב בשלחן העזר סי׳ ד׳ אות ג׳ ושו״ת דברי ישראל אה״ע סי׳ כ״ב שכן המנהג בעיה״ק, והרבה מקומות גם במדינותינו, וראה בספר שבחי הבעש״ט עמוד ק״ו שנראה שהמנהג אצל הבעש״ט הק׳ זי״ע היה שהחתן ילך לכסות את הכלה שקורין בעדעקען.

(3) ב״ח סי׳ ס״א ומהרי״ל הל׳ נשואין.

"badek" the *kallah*. According to some customs the *chassan* is not present at the time of the *badekin*.[4]

3. At the time of the veil covering it is customary to bless the *kallah* with the words אחותינו את היי לאלפי רבבה. She is blessed at this time by her parents and relatives.

4. The veil of the *kallah* should not have strands of silver or gold.[5]

5. The veil should not be transparent.[6]

6. Some say that witnesses should be assigned to watch the veil being put on,[7] because, according to some opinions, this constitutes the *chupah*.[8]

---

(4) טו״ז סי׳ ס״ה סק״ב. ודג״מ יו״ד סי׳ שמ״א אחרי שהביא דברי הב״ח שהחתן בעצמו הולך עם הרב לכסות ראש הכלה כתב וכן עדיין המנהג בכל מדינות וואליך, אבל במדינות הללו שאין החתן הולך כלל לכסות ראש הכלה פשיטא דאין זה מקרי חופה כלל לשום דיעה, דא״א להיות חופה בלתי חתן או שליחיו שם, שאם החתן היה מכבד להרב לכסות ראש הכלה אפשר דשלוחיו של אדם כמותו, אבל במדינות הללו צד הכלה מכבדים להרב בכיסוי הינומא בלי שום ידיעת החתן פשיטא שאין זה חופה כלל, וכ״כ הקישו״ע סי׳ קמ״ז ס״ג, וכן העיד השלחן העזר סי׳ ז׳ אות ג׳ שכן במדינותינו כאן המנהג ברוב המקומות, שהרב והאבות והשושבינים מכסין בלא החתן וכן נוהגין במדינת ספרד וכ״כ בשו״ת דברי ישראל (וועלץ) אה״ע סי׳ כ״ב שכן המנהג באונגארן וראה בספר ברוך מבנים עמוד צ״ז (ווילנא תרכ״ט) נעתק בקובץ אורייתא עמוד ש״ג שבחתונה הגדולה בזעליחוב נכדו של רבינו הק׳ החוזה מלובלין זי״ע והיה שם גם רבינו הק׳ המגיד מקאזניץ זי״ע נתעורר דיון בין שני קדושי עליון אלו אם החתן צריך ללכת עם השושבינין לכסות את הכלה, המגיד טען שרבקה כסתה את פניה עם החתן ותרא את יצחק ותקח הצעיף ותתכס, והחוזה טען שתמר כסתה פניה בלי יהודה כדכתיב כי כסתה פניה ע״כ.

(5) שו״ע או״ח סי׳ תק״ס ס״ד וטו״ז שם סק״ו, ופמ״ג שם, וחיי״א כלל קל״ז ס״ד, ומקנה קידושין סי׳ ס״ה.

(6) רמ״א אה״ע סי׳ ל״א ס״ב, ושלחן העזר ח״ב דף כ״ה ע״ב, וכתב ומה טוב ומה נעים מנהג כמה קהילות היראים כי יש להם הינומא מיוחדת הנעשים ונגמר ע״י פקודת הרב והב״ד, כדת התוה״ק עיי״ש.

(7) כדין חופה דבעי עדים כמ״ש המקנה סי׳ נ״ה ס״א ואב״נ סי׳ ל״ח סקי״ז.

(8) ראה טוש״ע סי׳ נ״ה ס״א ורמ״א ובנו״כ שם פרטי השיטות באריכות ואמרי דוד אה״ע סי׳

7. The *chassan* and *kallah* should have in mind that the placing of the veil is for the purpose of *chupah*.[9]

8. It is customary to throw seeds on the *chassan* and *kallah* before the *chupah* for a good omen.[10] This is done in *Yerushalayim,*during, the *badekin*.[11]

9. Our custom is that the *chassan* wears a *kittel*—a white garment used as a shroud and also worn on *Yom Kippur*—under the *Chupah*.[12] The *kallah* is also dressed in white.[13]

10. After the *badekin* those that escort the *chassan* dress him with the *kittel*.[14]

11. Ashes are placed on the *chassan's* head to commemorate the destruction of the *Beis Hamikdash*.[15] Some say at this time the

---

כ״ט וכלילת חתנים פ״ח אות ג׳ שעושין כן כדי לצאת כל הדיעות וראה בספר נשואין כהלכתו ח״א עמוד רמ״ג רמ״ד .

(9) אמרי דוד הנ״ל דקנין בלי כוונה לקנות אינו קונה כמ״ש בחו״מ סי׳ ר׳ ס״ח.

(10) רוקח סי׳ שנ״א, ומהרי״ל הל׳ נישואין, ושו״ת מהר״ם מינץ סי׳ ק״ט, וראה בספר המטעמים ערך חו״כ אות ע״א.

(11) שלחן העזר ח״ב דף כ״ו ע״א.

(12) מט״מ ח״ג פ״א אות ב׳, ושו״ת מהר״ם מינץ סי׳ ק״ט, וסידור יעב״ץ ודה״ח, ושו״ת מהר״ם שיק אהע״ז סי׳ פ״ח משום מחילת עוונות כיו״כ. ועוד לרמז בכל עת יהיו בגדיך לבנים, ושיזכיר לו יום המיתה שלא ישכח שאפי׳ שיחה קלה מגידין לאדם בשעת הדין, וראה בשו״ת נהרי אפרסמון יו״ד סי׳ כ״ו שלבישת הקיטל הוא סימן ברכה שלא יתפרד הזוג כל ימי חייהם ורק המות יפריד ביניהם עיי״ש.

(13) מהר״ם מינץ הנ״ל, קישו״ע סי׳ קמ״ז ס״ד, ולקוטי מהרי״ח סדר נשואין, ושלחן העזר ח״ב דף כ״ז ע״א ויש חסידים המקפידין שלא יהי׳ לבנים ממש מטעם חוקת הגוי ולובשין רק כעין לבן.

(14) סידור יעבץ ועדות לישראל שם ושלחן העזר ח״ב דף כ״ז ע״א אות י׳ כדי להזכירו את יום המיתה, שגם את המתים מלבישים, או משום דחתן דומה למלך שאותו משמשים עבדיו.

(15) שו״ע או״ח סי׳ תק״ס ס״ד ואה״ע סי׳ ס״ה ס״ג, וראה במדרש אליהו הובא בטעמי המנהגים עמוד ת״ז דיש נוהגין להשים אפר גם על ראש הכלה.

verse: אם אשכחך ירושלים תשכח ימיני.[16] "If I forget you, O Jerusalem, let my right hand forget its skill." It is proper for the *chassan* to recite quietly the hundred and thirty-seventh chapter in Psalms.[17]

12. Some put a coat on top of the *kittel.*[18] To commemorate the *Beis Hamikdash's* destruction, some do not place the left hand in the sleeve of the coat.[19]

13. It is customary to untie all knots on the *chassan's* and *kallah's* clothing.[20] All jewelry should be removed.[21]

---

(16) ט״ז שם סק״ג.

(17) חופת חתנים סי׳ ו׳ אות ג׳.

(18) שו״ת נהרי אפרסמון חיו״ד סי׳ כ״ב.

(19) במהרי״ל ה׳ נשואין כתב והמטרו״ן שלו תחובה לו דרך צווארו כמנהג בריינוס זכר לחורבן, הרי שעושין שינוי במלבוש החתן ועוד י״ל הטעם שמצינו כן גבי אבל ביו״ד סי׳ ש״מ סט״ז ענין חליצת הכתף עיי״ש וה״נ עושין להחתן כדי שלא יתמלא שמחתו.

(20) עבודת ישראל ליו״כ כתב טעם ע״ד חסידות, וכ״כ בשלחן העזר ח״ב דף ל״א ע״ב אות ב׳ בשם ספר המטעמים והטעם משום כשפים.

(21) עבודת ישראל שם, ובשלחן העזר ח״ב דף קל״ו הביא בספר ברכת אהרן מאמר רס״ג הטעם משום דיזכיר לו יום המיתה, דאין מלוין לאדם, וכ״כ במנהגי חב״ד עמוד ע״ו.

7

The Chupah Canopy

1. Our custom is to have the *chupah* performed outdoors beneath the stars as a sign that the couple should have many descendants like the stars.[1] The Sefardim do not have this custom.[2]

---

(1) רמ״א אה״ע סי׳ ס״א ס״א, ומט״מ ח״ג הכנסת כלה אות א׳, ושו״ת מהר״ם מינץ סי׳ ק״ט ושו״ת שארית יעקב אה״ע סי׳ ר״י כתב ז׳ טעמים עיי״ש וראה במהרי״ל הל׳ נשואין שהיה עושין שני חופות, חופה הראשון בבוקר וחופה שני אחר צהרים באמירת שבע ברכות, וז״ל כעלות השחר ביום הששי היה קורא השמש לבוא לבה״כ והיה קורא לבוא אל המא״ן, ואז הוליך הרב החתן לפניו וכל העם אחריהם לאור אבוקות עם כלי זמר לחצר בה״כ, וחוזרים עם האבוקות והכלי זמר ומביאים הכלה וחברותיה, וכאשר תבא עד פתח החצר בה״כ, הלך הרב והחשובים והיו מוליכין את החתן לקראת הכלה [והחתן תופש אותה בידה. ובח״ס חאה״ע ח״א סי׳ פ׳ בהביאו דברי מהרי״ל השמיט תיבות אלו] ובחיבורן יחד זורקין כל העם חטין ואומרים פרו ורבו ג״פ עיי״ש, וכ״כ בנוהג כצאן יוסף מנהגי פפד״מ עמוד קי״ג אות ו׳ ומסיים ואומרים השם גבולך שלום חלב חיטים ישביעך, כי חלב חטים ישביעך בגימטריא חתן וכלה, והובא גם בשו״ת ח״ס אה״ע ח״א סי׳ צ״ח וכתב ע״ז והמנהג הזה הוא כהויתם וצורתם גם עתה בפפדמיי״ן ובכל פרוודה עיי״ש באריכות.

(2) כנה״ג סי׳ ס״א בהגב״י אות א׳, ושד״ח מערכת חו״כ אות א׳ וראה בסידור האר״י ז״ל רבי

2. The *chupah* should not be held under a roof, even if it is a glass roof where stars can be seen.[3]

3. The *chupah* should be held in an area to which the *chassan* has at least temporary rights.[4] Some say the *chassan* should make a legal aquisition of the property.[5] Others rule that wherever the *chupah* is performed it is valid, even in the *kallah's* property.[6] Some recommend that in this case the *chupah* poles and covering should belong to the *chassan*.[7]

4. Some opinions say the *chupah* poles should be placed on the floor and not be held in the air.[8]

5. One should make sure that the *chupah* covering is above and over the four poles.[9] Some are lenient.[10]

אשר וכן בסידור רבי שבתי ש כתבו ראוי לעשות ב׳ חופות א׳ לכלה ולחתן ואחת לשכינה וראה באור הלבנה (להרש״ש) עמוד ק׳ ובאגרא דפרקא אות ס״ז בזה ועיין באוצה״פ חט״ז עמוד פ״ג אות י״ט.

(3) שו״ת חתן סופר סי׳ ס״ה, ושו״ת פרי השדה ח״ד סי׳ צ״ז, ושו״ת לבושי מרדכי אה״ע סי׳ מ״ח, וברכת חיים סי׳ מ״ו מטעם שלא ישנה את המנהג.

(4) עזר מקודש סי׳ נ״ה ס״א עפ״ד השו״ע שם בשיטת הר״ן דקנין חופה שיביא אותה לתוך ביתו, לכן צריך שיהיה המקום קנוי להחתן בקנין מכר או מתנה או גם ע״י שאלה מהני כמ״ש הטו״ז סי׳ נ״ז סק״ד, ולכן מהני ברחוב שהדבר מוסכם אצל בני העיר להקנות את המקום להחתן לפי שעה ולב ב״ד מתנה ע״ז.

(5) שלחן העזר ח״ב דף כ״ט ע״ב שכן נהג הגה״ק מהרי״ל דסקין זצ״ל.

(6) ראה בטו״ז סי׳ נ״ז סק״ד, ובביאור הגר״א סי׳ נ״ה סק״ט.

(7) שלחן העזר ח״ב דף כ״ט ע״ב.

(8) אמרי דוד אה״ע סי׳ כ״ט.

(9) שו״ת נטע שעשועים בראש הספר באזהרות הדע״ק, ושו״ת מהרש״ם ח״ד סי׳ ע״א, וכ״כ בשלחן העזר ח״ב דף ל״א ע״ב שכן הקפיד הגה״ק רבי הלל מקאלמייא זי״ע, וכ״כ בחוסן ישועות שעל קישו״ע סי׳ קמ״ז, וכן נהג כ״ק אדמו״ר מפאפא זצ״ל.

(10) שו״ת חסד לאברהם (תאומים) קמא או״ח סי׳ ב׳, ושו״ת מהר״י אשכנזי או״ח סי׳ ג׳ שלא ראה מקפידים בדבר, שסמכו שפי תקרה יורד וסותם עיי״ש.

6. The *kiddushin* may be performed during the day or night.[11] Some say that it is preferable to have the *kiddushin* during the daytime.[12]

---

(11) רמב״ם פ״ד מהל׳ אישות הי״ד, ושו״ת הר״ח (אר״ז) סי׳ קי״ב ותשובות הר״ח סי׳ קי״ט, וכן מפורש בכל הפוסקים והביאו סמוכין מגמ׳ קידושין דף ח׳ ע״א דיהבה ניהליה בליליא, ובדף י״א ע״א דקדשא בלילא, וכ״כ בתשובות רעק״א ח״ב סי׳ ע״א וכן העיד בשו״ת תירוש ויצהר סי׳ קי״א, וערוה״ש אה״ע סי׳ כ״ו סי״ד, ושו״ת אפרקסתא דעניא סי׳ קע״ב, ושו״ת בית ישראל (לאנדא) סי׳ קנ״ו שכן המנהג בכל מדינותינו וחסידים ואנשי מעשה עיי״ש וכ״כ בשו״ת רב פעלים ח״א אהע״ז סי׳ ו׳ שכן הוא מנהג בבל עיי״ש.

(12) הרא״ם ח״ב סי׳ ל״ה וכנה״ג סי׳ כ״ו אות ט׳ ע״פ שיטת רבינו ישעיה המובא בשו״ת מים עמוקים סי׳ ל״ו וסדר הגט של מהר״י מינץ סי׳ נ״ז דכיון דאיתקש הויה ליציאה כשם שאין מגרשין בלילה כך אין מקדשין בלילה וראה בתוס׳ יומא דף י״ג ע״ב ד״ה להוציא שרגילין לעשות החופה ביום עיי״ש, וכ״כ בשו״ת פרי האדמה ח״ד דף כ״ב ונהר מצרים הל׳ קידושין אע״ז דף ק״ע, ונשמת כל חי ח״ב סי׳ ב׳ שכן המנהג באיזמיר, וכ״כ בספר כלילת חתנים פ״ב אות ה׳ (מנהגי קיירה) נהגו אחינו הספרדים ע״י אזהרת רב הגאון שליט״א שלא לעשות חופות בלילה לצאת ידי המחמירים, וגם מפני תיקון מניעת ההוללות ע״י רוב הנאספים שמרבים לבא בלילה טפי מביום, וראה בשו״ת לבושי מרדכי ח״ב אה״ע סי׳ נ״ב שכתב עוד טעם להמנהג מפני שיש מקיימים חתימת העדים על הכתובה, וקיום שטרות אינו בלילה, ומי שנוהג כן לקדש ביום דוקא אין לבטל מנהגם עיי״ש, וכן מנהג וויזניץ וסקווירא.

8

Escorting the Chassan and Kallah

1. The *chassan* and *kallah* are escorted to the *chupah*, each with one person on either side.[1]

2. Usually the *chassan's* and *kallah's* parents escort them;[2] some give other people the honor of escorting them.[3]

---

(1) מקורו מגמ׳ ברכות דף ס״א ע״א עה״פ ויביאה אל האדם אר״י בן אלעזר מלמד שנעשה הקב״ה שושבין לאדם הראשון, מכאן למדה תורה דרך ארץ שיחזור גדול עם קטן בשושבינות ואל ירע לו, ופרש״י שושבין משתדל בחופתו ובזיווגו, ונזכר ברמ״א יו״ד סי׳ שצ״א ס״ג ובמט״א ריש הל׳ הכנסת כלה, ובקישו״ע סי׳ קמ״ז ס״ה.

(2) שו״ת לבושי מרדכי ח״ג סי׳ כ״ב, שכן המנהג במדינת אונגארין והגליל העליון ומצאו סמך מזוה״ק בראשית דף מ״ט ע״א ויביאה אל האדם, מהכא אליפנא דבעאן אבא ואמא דכלה, לאעלה ברשותיה דחתן.

(3) ראה באורחות חיים הל׳ קידושין עמוד ס״ז ששושביני החתן היו זקנים וחכמים עיי״ש ובלבושי מרדכי הנ״ל וז״ל האר״י ז״ל בסידור רבי אשר וסידור רבי שבתי בברכת חתנים מצוה להיות שושבין לחתן ולכלה וכו׳ וצריך להשתדל בכל מאמצי כוחו להכניס חתן וכלה להשתדל בנשואין כל ז׳.

3. A husband and wife, father and daughter, son and mother may escort together; otherwise a man and a woman[4] should not escort together.

4. A divorced couple should not escort a *chassan* and *kallah*.[5]

5. It is proper to have as an escort a husband and wife neither of whom had a previous marriage.[6] However, if it is the parents of the *chassan* or *kallah* escorting we are not concerned with previous marriages.[7] Some still do not permit it.[8] Some say in our times, when unfortunately many children are from a second marriage one may be lenient.[9]

6. As a good omen it is preferable that a childless couple do not escort.[10]

7. Some feel that a noticeably pregnant woman should not escort, so as to prevent an evil eye.[11]

8. An unmarried man or woman should not escort.[12]

---

(4) שלחן העזר ח״ב דף ל״א ע״א, וכן הורה למעשה כ״ק אדמו״ר מפאפא זצ״ל.

(5) שו״ת מתת ידו סי׳ קל״ב ע״פ השו״ע אה״ע סי׳ קי״ט ס״ט.

(6) עזר מקודש אה״ע סי׳ ס״ח, ושלחן העזר ח״ב דף ל״א ע״א.

(7) שלחן העזר הנ״ל בשם צדיקים, וכ״כ בשו״ת מנח״י ח״ה סי׳ פ׳, ושו״ת באר משה ח״ג סי׳ קפ״ד. וכן דעת כ״ק אדמו״ר מפאפא זצ״ל.

(8) שו״ת חלק״י ח״ג סי׳ ע״ו שכן נזהרין בפולין, וכ״כ בשו״ת מנח״י הנ״ל בשם כ״ק אדמו״ר מסאטמאר זצ״ל, וכ״כ במנהגי מהריר״ו אות תשס״ה וכן הקפיד להבחל״ח כ״ק אדמו״ר מצאנז קלויזנבורג שליט״א בנשואי בניו שיחי׳.

(9) שו״ת חלק״י ח״ג סי׳ קל״א.

(10) שלחן העזר הנ״ל.

(11) אות שלום הל׳ מילה בהוספות לסי׳ רס״ה ס״ק כ״ב, ושו״ת באר משה ח״ג סי׳ קפ״ד שכן הורה אביו הגה״ק זצ״ל.

(12) כנלענ״ד מטעם שמבואר בגמ׳ ברכות הנ״ל באות א׳ דענין שושבינות היא שיחזיר גדול

9. Each of the four people escorting holds a candle (two for the *chassan* and two for the *kallah*).[13] Candles that are braided (*havdalah* candles) should be used.[14] If there is no danger of starting a fire, the candles should not be extinguished until after the *chupah*.

10. The *chassan* is escorted to the *chupah* before the *kallah*.[15]

11. The *chassan*[16] and *kallah*[17] are escorted with singing and music towards the *chupah*. This is the time when one interrupts his learning to attend the *chupah*.[18]

עם קטן, וא״כ אין מן הראוי שבחור יהא שושבינות לאחיו הגדול או לגיסו הגדול, וכ״ש בבתולה שמבואר בזוה״ק שמות י״ב דאיתתא עד דלא אזדוגת אתקריאת בת פלוני, בתר דאזדווגת אתקריאת אשה עיי״ש, מוכח דאין לה חשיבות לעצמה רק בתר נישואין, וראה בלקט טוב כלל מ״א.

(13) מט״מ ח״ג סדר הכנסת כלה אות ב׳, וז״ל ונ״ל הטעם לב׳ נרות אלו כי לאשה יש רנ״ב אברים ולאיש רמ״ח ובדיבוק איש ואשה הם ת״ק ב״פ נ״ר, לכן נושאים שני נרות לפניהם לרמוז לזיווג או״א, ועוד ב״פ נ״ר בגימטריא פר״ו ורב״ו היא סימן שיהיו פרין ורבין.

(14) מהרי״ל, וכ״כ בליקוטי מהרי״ח בעניני נישואין.

(15) אור לשמים דף ר״ד ע״ב ואגרא דפרקא אות ס״ז, עפ״י הזוה״ק כשהחתן מגיע להחופה מקדימים את פניו בברכת ברוך הבא. וראה בעדות לישראל עמוד ס׳ וראה בקדושת לוי לקוטים כ״ה חזייה לרבנן ענין בכיית החתן בשעת החופה הוא, משום שהנשמות העתידות לבוא ממנו הם מעוררים אותו ועי״ז בוכה שהם מצטערים על ביאתם לעולם הזה וכן האדם כשנולד בוכה עיי״ש.

(16) מהרי״ל הל׳ נשואין, ומהר״ם מינץ סי׳ ק״ט. וראה בשט״מ כתובות דף ז׳ ע״ב ד״ה זה דמנהג ישראל להכניס את החתן וכלה לחופה בהילולים.

(17) הנה בכתובות דף י״ז ע״א פרש״י דהכנסת כלה שמלוין אותה מבית אביה לבית חופתה וכ״כ בדרישה סי׳ יו״ד סי׳ שס״א וב״ש אה״ע סי׳ ס״ב סק״ג אמנם הטו״ז שם סק״ב דאין מן הנכון שילוו הנשים וכ״כ בויגד משה על עניני נשואין עמוד י״ז שכעת שהדורות פרוצים בטלו הנהגה זו ללוות את הכלה, אמנם י״ל מה שממתינים שם עד שהכלה בא להחופה, זהו ההכנסת כלה בזמנינו שממתינים עליה לכבודה ע״כ.

(18) כתובות דף י״ז ע״א, ורמ״א אה״ע סי׳ ס״ה ס״א ובנו״כ שם וביוסף אומץ (מנהגי פפד״מ) עמוד של״א וגודל מעלת הכנסת כלה לחופה ראה בתומר דבורה להרמ״ק פ״ה שכתב הכנסת

12. The assembled are dressed with nice clothes during the *chupah*.[19] Many people wear their *Shabbos* clothes.[20]

13. One should be careful that the men and women don't mingle.[21]

14. The following is customarily sung at the *chupah:* ברוך הבא מי אדיר על הכל, מי ברוך על הכל, מי גדול על הכל, מי דגול על הכל, הוא יברך את החתן ואת הכלה.[22] As the *kallah* walks to the *chupah,* the *chassan* takes a few steps toward her and then retreats.[23]

15. It is prohibited to stare at the *kallah's* face,[24] even while she is going to the *chupah*.[25]

16. Although one does not look at the *kallah's* face, it is permitted to look at her jewelry or hair to make her beloved to her *chassan*.[26] This is only referring to a glance.[27]

כלה לחופה, בזה נכללים כל צרכי היחוד, שכל התפלות ויחודים הם סוד הכנסת כלה לחופה, ועיקרה בסוד התפלה מכמה מדריגות זו אחר זו, קרבנות זמירות תפלה מיושב שבה קר״ש וברכותיה, אח״כ תפלה מעומד ושאר תיקונים הבאים אחריהם הכל גמילות חסדים על החתן והכלה ולפקח על צרכיהם ותיקוני זיווגים עכ״ל.

(19) שו״ת הרא״ש כלל ל״ה סי׳ ד׳.

(20) מהרי״ל הל׳ נישואין.

(21) טו״ז סי׳ ס״ה סק״ב וב״ש שם וערוה״ש ס״ד.

(22) שלחן העזר ח״ב דף ל״ב. שמהרי״ל דיסקין זצ״ל היה נזהר שישירו פיוט זה, ופ״א לא היה מי שיכול לזמר החרוז ולא רצה לסדר קידושין עד שזמרו.

(23) קישו״ע סי׳ קמ״ז ס״ה, ושלחן העזר שם.

(24) שו״ע סי׳ ס״ה ס״ב.

(25) ראה כתובות פ״ב סי׳ ג׳ ושט״מ שם, ויש״ש כתובות פ״ב סי׳ ג׳, ושאילת יעקב סי׳ נ״א. ויש מתירים ראיה לפי שעה ללא הסתכלות ע״י, שט״מ שם בשם הרמ״ה ומקנה סי׳ ס״ה.

(26) שו״ע סי׳ ס״ה ס״ב.

(27) המקנה שם וערוה״ש שם ס״ג דלא ליגרי אינש יצה״ר בנפשיה.

17. Some have a custom to sing "ברוכה הבאה" (blessed is she who arrives) when the *kallah* comes to the *chupah*.

18. The two women escorts lead the *kallah* around the *chassan* seven times under the *chupah* prior to the ceremony.[29] Some circle three times.[30] The custom of the Sefardim is not to circle at all.[31]

19. It is customary while they are circling the *chassan* to sing: מי בן שיח שושן חוחים אהבת כלה משוש דודים ,הוא יברך את החתן ואת הכלה.[32] Some sing a melody without words.[33]

---

(29) קישו״ע סי׳ קמ״ז ס״ה, וליקוטי מהרי״ח סדר נישואין, והביא סמך לדבר בתיזוה״ק תיקון י״ג, ושו״ת שארית יעקב אה״ע סי׳ ח״י כתב הטעם להורות שנישואין הם לשם הקב״ה אשר הוא שוכן בשבעה רקיעים כדאיתא בחגיגה דף י״ב ע״ב, וכ״כ בכלילת חתנים פ״ח אות ה׳ המנהג באה״ק לעשות שבע הקפות, והוא עפ״י סוד שבע חופות שעשה הקב״ה לאדם וחוה בג״ע. ועוד נראה לי לפ״מ דאיתא בספר נ״ש אלה השבעה דברים שמנו חז״ל הם כנגד השבע ברכות וברכת אשר ברא שהיא ברכה השביעית היא כנגד בלא חומה שלמדו חז״ל מפסוק נקבה תסובב גבר, לכן נהגו לסבב שבעה פעמים לרמז שמעתה יזכה הבעל בכל השבעה דברים טובים וכ״כ בשלחן העזר ח״ג דף ל״ב ע״ב שכן המנהג בירושלים, וראה בשער הכולל שער ל״ד וראה במנהגי חב״ד ע״ו שמנהג שגם השושבינין הן האנשים והן הנשים יסובבו את החתן ביחד עם הכלה.

(30) מט״מ הכנסת כלה אות ד׳, ותשב״ץ קטן סי׳ תס״ה רמז לשלש פעמים הנאמר בתורה כי יקח איש אשה (דברים כ״ב י״ג, כ״ד א׳, כ״ד ה׳), וכ״כ בסידור יעב״ץ ודה״ח סדר ברכת אירוסין, וכן העיד בשלחן העזר ח״ב דף ל״ד ע״ב שכן המנהג במדינת אונגארין וכ״כ בתולדות מנחם עמוד נ״ז.

(31) שלחן העזר שם, ואוצה״פ כרך ט״ז עמוד קע״ד.

(32) בשער הכולל שער ל״ד כ׳ שפיוט זה מיוחס על מדרש שה״ש פ״ב בנוהג שבעולם עשרה בנ״א נכנסים לבית המשתה ואין אחד מהם יכול לפתוח פיו לברך ברכת חתנים, ובא אחד ופתח פיו וברך ברכת חתנים, למה הוא דומה ביניהם, כשושנה בין החוחים, וזהו מי בן, מי שמבין. שיח, לשיח ולברך ברכת חתנים. שושן חוחים, הכוונה לשושנה בין החוחים. הוא יברך את החתן ואת הכלה. וכ״כ בשו״ת דבר משה (תאומים) סי׳ ק״ט.

(33) שלחן העזר הנ״ל שכן המנהג ירושלים. וכן מנהג סקווירא.

20. After circling the *chassan,* the *kallah* stands on the *chassan's* right side alluded to by the *pasuk* in Psalms נצבה שגל לימינך since the last letters of each word spell כלה.[34] Others say the *chassan* stands on the *kallah's* right side.[35] Either way is acceptable.

21. The *chassan* and *kallah* face east under the *chupah*[36] while the one reciting the blessings faces them (westward).[37] Some hold that the one reciting the blessings faces east, and during the blessing of שמח תשמח he faces the *chassan* and *kallah*.[38]

22. Some say that following the *chupah* the *chassan* stands on the right with the *kallah* on the left.[39]

23. Some have a custom to recite *Kel Molei Rachamim* for a deceased parent of the *chassan* or *kallah* under the *chupah*.[40]

24. Care should be taken not to disturb the *chassan* and *kallah* during the *chupah*.[41]

---

(34) רוקח סי׳ שנ״ו, ומהרי״ל הל׳ נישואין, ומהר״ם מינץ סי׳ ק״ט, וכנה״ג סי׳ ס״א הגב״י אות ג׳, ובאה״ט שם סק״ז, וערוה״ש סי׳ ס״ב ס״ט, ודה״ח סדר ברכת אירוסין ויפה ללב ח״ד אות ח׳, ובליקוטי מהרי״ח העיד שכן המנהג.

(35) יד אהרן סי׳ ס״א סק״ד בשם האר״י הק׳ זי״ע ובחופת חתנים, ושד״ח מערכת חו״כ אות ל׳ כתב שאילו ראה בעל כנה״ג את האר״י היה סובר כן עיי״ש, וראה בעדות לישראל עמוד ס״ג שהביא דברי הזוה״ק פ׳ פנחס חתן לימינא כלה לשמאלא.

(36) דה״ח סדר ברכת אירוסין וערוה״ש סי׳ ס״ב ס״ט, ושלחן העזר ח״ב דף ל״ב ע״ב, וראה באה״ט סי׳ ס״א סק״ז שהביא מנהגים שונים בזה.

(37) מנהגים למהר״ם מרוטנבורג עמוד פ״ב, וערוה״ש סי׳ ס״ב ס״ט, ושלחן העזר ח״ב דף מ״ח ע״ב שכן המנהג בירושלים עיה״ק תובב״א.

(38) מחזור ויטרי סי׳ תע״ה ומהרי״ל הל׳ נישואין, ובאה״ט סי׳ ס״א סק״ז, וסידור יעב״ץ ודה״ח וקישו״ע סי׳ קמ״ז ס״ה מטעם שברכת חתנים צריך לכוין פניו למזרח כנגד צד ירושלים שכל התפילות שאנו מתפללים אנו מביטים אל היכל ה׳.

(39) חסד לאברהם עין הקורא נהר מ״ח עיי״ש.

(40) שו״ת חלקת יעקב ח״ב סי׳ קי״ד.

(41) כ״כ בהקדמת טל השמים עה״ת (קאשוי) אות י״ג עוד מזלזלים בקדושת החופה על ידי

25. Some say one should not smoke during the *chupah*.⁴²

עשיית התמונות פיקטשור תחת החופה אם כי להלכה אין לאסור עשיית תמונות והוא רק מדת חסידות שלא לצייר ולהלכה התירו האחרונים, עכ"ז הקפידו אנשי מעשה שלא לעשות שלא לצורך. אך תחת החופה הוא מבלבל את כל קדושת החופה, בשעת לבישת הקיטל, וכן בשעת הליכה לחופה, וכן תחת החופה, ובשעת קידושין עושין כן. איך אפשר לחתן וכלה לחשוב חשבון הנפש באיזה דרך הוא הולך ולכוון לבו לשמים, וכן להכלה הלא מבולבלים מהפיקשטור'ס, והלואי שיעלה ביד היראים לבטל עכ"פ עד אחד החופה, וכי יש לחשוב שהנשמות מן האבות אשר כידוע מסה"ק באים אצל החופה, שיש להם תענוג מקינ"א וממנהגי העכו"ם, וכי יש טעם ששעה הלזו היקרה מכל, תלך לאיבוד באיסורים והבלים. נחשב חשבונו של עולם ונדע מה לפנינו.

(42) שד"ח מערכת חו"כ אות ג' בליקוטים בשם ספה"ק, עונשים חמורים ע"ז עיי"ש, וראה בדרכי חיים (מנהגי צאנז) שהגה"ק בעל ד"ח זי"ע היה רגיל לומר שבעת החופה הוא מתיירא להגביה ריסי עיניו מאימת השכינה, ואמר באם איתרמי לו חופה ונשואין בימי אלול, אז הוא לו הכנה על הימים הקדושים עכ"ד, והובא בויגד משה על עניני נשואין עמוד י"ח. וראה במכתב מו"ר כ"ק אדמו"ר מפאפא זצ"ל הנדפס בטהרת יו"ט ח"ט עמוד קס"ג וז"ל ואני זוכר בימי חורפי כשהייתי עם אבותי ורבותי נ"ע אצל חופה, ראיתי שהיה נופל על כל העם אימה ופחד והתעוררות תשובה, ומחדר הכלה היה נשמע לחוץ בכיות הנשים צדקניות קודם החופה עד שזלגו עינינו דמעה עכ"ל. וכן ראיתי אצל כ"ק אדמו"ר מסקווירא זצ"ל שעמד בעת החופה באימה וביראה.

9
Introduction

By the laws of the Torah, a woman becomes married in two stages. The first is called *eirusin* or *kiddushin,* the second is called *nesuin.*

The kiddushin is performed by giving her money or something of monetary value and saying that he is being *mekadesh* or consecrating her to him. This must be done in the presence of witnesses.

Once *kiddushin* is performed she is consecrated to her husband which forbids her to all other men. She would require to have a "get" — *Torah* divorce — to marry someone else. Marital relations are not permitted until *nesuin.*

Nesuin is performed by the act of *chupah* which signifies that he is bringing her into his home. At this time marital obligations go into effect, these include his duty to feed and clothe her and to have marital relations with her.

There are different opinions as to what constitutes *chupah:* (a) The *chassan* brings the *kallah* to a private place which represents bringing the *kallah* to his home. (b) The *chassan* takes the *kallah* to a designated place for the purpose of *chupah* even if it is not priveate. (c) The *chassan* places part of his clothing on the *kallah* showing that he is taking her into his protection. (d) The *chassan* places a veil on the *kallah's* face signifing that he is marrying her.

Our custom is that the *chassan* places a veil on the *kallah's* face during *badekin*. The *chassan* and *kallah* stand under the *chupah* canopy — which serves as a designated place for *chupah*, this canopy also serves the purpose of the *chassan* placing his garment on her. After the *chupah* ceremony they enter the *yichud* room to satisfy the opinion that they must enter a private room.

In earlier times *nesuin* was generally performed twelve months after the *eirusin* in order to enable the *kallah* to prepare herself for marriage. Nowadays, the *nesuin* is performed immediately following *eirusin*.

Prior to the *kiddushin*, a blessing is recited called *birchas eirusin*, the *brachah* of *eirusin*. During the *nesuin* there are seven *brachos* recited which are referred to as *sheva brachos*.

Our marriage ceremony begins with the blessing of *eirusin*, followed by the *eirusin* which is done by giving the *kallah* the ring. We then read the *kesubah* to separate the *eirusin* from the *nesuin*. We then recite the seven *brachos* of *nesuin*.

The Kiddushin

1. The *Kiddushin* is performed by the *chassan* giving the *kallah* money or something of monetary value. The value must be at least a *"perutah"* which is a small coin used during the time of the *Talmud*.[1] The custom is to use a gold[2] ring.[3] There are many reasons for this.[4]

---

(1) רמב״ם ה׳ אישות פ״ג הכ״א, ושו״ע סי׳ כ״ו ס״ב כי מדינא יש עוד שני דרכים לקדש בשטר ובביאה.

(2) מרדכי קידושין סי׳ תפ״ח, וכן העיד בשלחן העזר ח״ב דף מ׳ ע״א דכן המנהג בכל המדינות ובכל תפוצות ישראל, וכ״כ באצה״פ ח״י עמו״ד שס״ד דכן מקובל אצל נכדי היהודי הקדוש זי״ע, וכ״כ בכלילת חתנים פ״ט אות ז׳ שלכך נהגו לקדש בטבעת של זהב עדה״כ ואת טבעותיהם זהב, ואותן הנוהגים לקדש בטבעת של כסף, מפני שכסף רומז לרחמים כידוע לי״ח וכ״כ במנהגי חב״ד עמוד ע״ו ובאגרות קודש ח״ג מכתב תשכ״ה וז״ל הנה מנהג בית הרב הוא בטבעת של זהב, וכן ראיתי נוהגים גם אנ״ש והחסידים.

(3) רמ״א סי׳ כ״ז ס״א, וככר מבואר כן בתשובת הגאונים (הר צבי) סי׳ ס״ה עמוד שצ״ה, וראה בחינוך מצוה תקנ״ב שכתב משרשי המצוה שתתן אל לבה לעולם שהיא קנויה לאותו האיש וכו׳ ומהיות מיסוד המצוה אשר זכרתי נהגו ישראל לקדש בטבעת, להיות בידה תמיד למזכרת.

(4) רמ״א שם בשם תיזוה״ק תיקון חמישאה וביאור הגר״א שם. וראה בכסא אלימלך לתיקו״ז

2. Some use a silver ring. The *kallah* must be told that it is silver.[5] One should not use a gold-plated silver ring.[6]

3. There should be nothing engraved on the ring.[7] The reason for this is that the *kallah* may want to marry with the value of the engraving which might be worth less than a perutah.[8]

4. The ring should be round.[9] Some make the ring square on the outside and round on the inside.[10] Most do not do this.

5. The ring should not contain a precious stone as we do not know its value and the *kallah* might think it is worth more than its actual value.[11]

6. The ring must belong to the *chassan*.[12] The *chassan* should pay

---

שם ונגיד ומצוה עמוד ל״ד, ועי׳ בעדות לישראל עמוד מ׳ שהוכיח שבתקופת בית שני כבר היה המנהג לקדש בטבעת עיי״ש.

(5) שו״ת לבושי מרדכי ח״ג סי׳ רע״ד בשם הגר״מ בנעט זי״ע כיון דילפינן קידושין כסף קיחה קיחה משדה עפרון (קידושין דף ג׳ ע״ב) ושם קאמר כסף, וכ״כ במנהגי קאמרנא אות קכ״ב, וכ״כ בשו״ת הרי בשמים תנינא סי׳ רכ״ט שמנהגם הי׳ לקדש בשל כסף, וראה באוצה״פ ח״י עמוד שס״ב שהביא בשם חכ״א מנכדי היהודי הק׳ זי״ע שמקובל אצל בני משפחתם לקדש בטבעת של זהב.

(6) לבושי מרדכי הנ״ל, ובאוצה״פ סי׳ ל״א סקט״ו אות א׳, וכ״כ בבן איש חי שופטים אות ח׳, ובמנהגי קאמרנא אות קכ״ב.

(7) שלחן העזר ח״ב דף מ׳ ע״א, ומנהגי חב״ד עמוד ע״ו, ושמעתי בשם הרה״ק מהריי״ץ מליובאויטש נ״ע שהקפיד לגרר את חותמת שבה נרשם שוה אחוז הזהב בטבעת.

(8) שו״ת זכר שמחה סי׳ קע״ח.

(9) כן נהגו העולם וכן שמעתי מפ״ק של כ״ק אדמו״ר מסאטמאר זצ״ל שכן נהגו רוב צדיקים ע״כ.

(10) זוהר חי בריש הספר דף ה׳ בשם רבינו הקדוש בעל עטרת צבי זי״ע ותפלה למשה פ׳ דברים עמוד קל״ט, והובא בדרכי חיים ושלום אות תקמ״ח וכתב שבדוק ומנוסה שלא יהיה אשתו עקרה ח״ו, וכ״כ במנהג קאמרנא אות קכ״ב.

(11) שו״ע סי׳ ל״א ס״ב ורמ״א שם, וראה בפ״ת שם.

(12) שו״ע סי׳ כ״ח ס״א.

for the ring prior to the *kiddushin.*[13] A stolen ring, borrowed ring, or a ring belonging to partners is not acceptable.[14]

7. If the ring is purchased by the *chassan's* parents they should make sure that they give it to him in such a way that it is considered his property according to the *Torah.*[15]

---

(13) אב״מ שם ס״ק ל״ג וראה באוצה״פ שם סק״א אות י״ג.

(14) שו״ע אע״ז שם סי״ח.

(15) ערוה״ש סי׳ כ״ח סכ״ד ע״פ השו״ע חו״מ סי׳ קצ״ח ס״ב, וראה בתעלומות לב קונטרס הליקוטים אה״ע דף ק״א אות ג׳ מה שכתב להעיר וז״ל עוד ראיתי פה לחד מן חבריא מר דיינא נר״ו שהיה נזהר מאד שיזכה האב לבנו את טבעת הקידושין ע״י אחר, להיותו סמוך על שלחנו והיה הדבר זר בעיני שלא ראיתי בעה״ק ירושלם ת״ו ולא בשאר קהלות הקדש שעברתי בהם נזהרים בזה, וטעמם ונימוקם עמם, כי האב שעושה כל הוצאות החופה וגם הטבעת לקדש בנו את ארוסתו, אין מקום לחוש לזה, שבודאי הוא מזכה לו, ואפי׳ בשואל מאחרים טבעת לקדש בו את האשה והמשאיל יודע שהוא שואל לקדש בו את האשה כתב הרא״ש בכלל ל״ה סי׳ א׳ והביאה הטור באה״ע סי׳ כ״ח שמקדש בכל ענין דאנן סהדי שגמר בלבו ליתנו לו באותו ענין שיועיל לענין הקידושין, וכן פסק בש״ע סי׳ כ״ח סי״ט ועיין בשו״ת ח״ס אה״ע סי׳ פ״ו, וכ״ש באב העושה טבעת קידושין לבנו שהיא אחת ממצות הבן על האב ועיין מחנ״א ה׳ זו״מ סי׳ ב׳ וסי׳ ג׳ וברך משה סי׳ ז״ך ובקדושת יו״ט סי׳ ב׳ ונשמת כל חי ח״ב סי׳ טו״ב ובמפתחות שם, ועיין בני בנימן הנד״מ ח״ב סי׳ ט״ז, ואף אם לכתחילה היה ראוי לעשות באופן המועיל לכ״ע כדי לצאת י״ח כל הדעות, מ״מ קשה וזר הדבר להוציא לעז על הראשונים כמלאכים שלא נהגו כן, מפני שמן הדין היא מקודשת גמורה כיון שהוא ברצון האב ובפניו, ועיין ברמ״א אה״ע סי׳ ס״ו ותה״ד סי׳ רל״ב ודבר משה אה״ע סי׳ כ״ה וח״ג סי׳ ט׳, וכן ראיתי להגאון החסיד שארינו ז״ל בס׳ חיים ושלום ח״א סס״י כ״ב שהאריך למעניתו לתת טעמים מספיקים דשפיר דמי אפי׳ לכתחילה, מ״מ בראשונה לא מחיתי בידם כי דמיתי שכך היה מנהגם מקודם ויסודתו בהררי קודש, אכן עתה ראיתי בס׳ השומר אמת להרב מהר״א אדאדי ז״ל בסי׳ ל״ד סכ״ז, ושם מבואר כי הוא ז״ל התחיל להזהר בזה כשהיה במעמד הקידושין מיום שראה מ״ש בס׳ נשמת כל חי סי׳ טו״ב, וכבר ביארנו שהרב עצמו בס׳ חיים ושלום ביאר שאין לחוש לזה, ועוד לו בס׳ חיים ושלום ח״ב סי׳ צ״ג ועיין בתשו׳ מהר״מ מינץ סי׳ ק״ט ואכמ״ל.

וכ״כ בספר נוה שלום (מנהגי עיר נא-אמון) אה״ע דף נ״ה ע״ב אות ל״ו בבן הסמוך על שולחן אביו וכל הוצאותיו עליו וגם עושה לו טבעת הקידושין אין לחוש כלל, כיון דמצוה רמיא עליה דאב להשיאו אשה, הוא גמר ויהיב ליה לשום מתנה. ועיין באוצה״פ סי׳ כ״ח סק״א אות ט׳ מה שהביא הערה נכונה שבן הסמוך על שלחן אביו צריך האב לזכות לו את הטבעת ע״י אדם אחר כיון דקיי״ל באו״ח סי׳ שס״ו ס״י דבן הסמוך על שלחן אביו דינו כקטן ובעינן לזכות לו ע״י אחר עיי״ש.

8. The officiating *rav* should make certain the ring belongs to the *chassan*.[16] If the *chassan* is financially dependent on his father, the father should be asked if the ring belongs to the *chassan*.[17]

9. One should designate two honest witnesses.[18] Some designate witnesses that spend all their time learning Torah.[19] One should try to designate two honorable witnesses.[20]

10. The witnesses should repent, since they may have committed a sin which invalidates them from being witnesses.[21]

11. If the matchmaker received full payment for arranging the match, he may be a wittness. If money is owed to him, he may not be a wittness because he's considered biased.[22]

12. The *rav* officating should make sure the witnesses are not related to each other, to the *chassan*, or to the *kallah*.

13. One should designate[23] witnesses[24] and exclude everyone else

---

(16) ב״ש סי׳ כ״ח סקמ״ט.

(17) שו״ת מהר״ם מינץ סי׳ ק״ט.

(18) שו״ת מהר״ם מינץ סי׳ ק״ט עפ״י השו״ע חו״מ סי׳ ל״ד סכ״ט.

(19) חוסן ישועות על קישו״ע בסופו בשם הגה״ק בעל אבני נזר זי״ע מפני שקשה ליזהר מי שעוסק במסחר, שיהא משאו ומתנו באמונה.

(20) שו״ת מהר״ם מינץ סי׳ ק״ט.

(21) דרך פקודיך בהקדמה אות ח״י ושו״ת שארית יעקב אה״ע סי׳ ח״י, אבל עי׳ בשו״ת תירוש ויצהר סי׳ ל׳, ושו״ת ישכיל עבדי ח״ה סי׳ כ״ח שכתבו שאין נוהגין מפני שסומכים על חזקת כשרות ואי״צ להחמיר בקידושין כמו בגט עיי״ש.

(22) אוצה״פ סי׳ מ״ב סקמ״ה אות ט״ו בשם כמה פוסקים.

(23) כי מדינא א״צ לייחד ואפי׳ לא נתכוונו להיות עדים כשרים להעיד כמ״ש בשו״ע אה״ע סי׳ מ״ב ס״ד.

(24) ריטב״א קידושין דף מ״ג ע״א בשם רבו, ושו״ת הרדב״ז ח״ב סי׳ תשמ״ז, ושו״ת מהר״ם מינץ סי׳ ק״ט, וש״ך חו״מ סי׳ ל״ו סק״ח, ואב״מ סי׳ מ״ב אות ל״א, ושו״ת ריב״א סי׳ י״ב.

from being witnesses.²⁵ This is done since there are many people watching the *kiddushin* who are not valid witnesses, since they are relatives, and we do not want to invalidate the witnesses.²⁶ (If even one of a large group of witnesses is invalid, all the witnesses in the group are invalidated.)

14. The *rav* should instruct the witnesses to watch the whole *kiddushin*.²⁷ The witnesses must see and hear the whole transaction.²⁸

15. The witnesses must see each other, besides watching the *kiddushin*. If the wittnesses do not see each other it is questionable whether the *kiddushin* is valid.²⁹

16. The wittnesses should stand during the *kiddushin*.³⁰

17. The *chassan* and *kallah* have to see the witnesses during the *kiddushin*.³¹

18. Some say the *chassan* and *kallah* should see each other's face during the *kiddushin*.³² This is not our custom.³³

---

(25) דה"ח סדר ברכת אירוסין.

(26) ריטב"א שם והגהות סמ"ק סי' קפ"ג.

(27) רמ"א סי' מ"ב ס"ד.

(28) סידור בית עובד הל' נישואין ושו"ת שארית יעקב אה"ע סי' ח"י.

(29) ערוה"ש סי' מ"ב ס"ל.

(30) שו"ת חלקת יואב סי' ו', עפ"י התוס' זבחים רפ"ב ד"ה מה ליושב, ומפלפל שם בדברי רעק"א סוף כתובות שחידש שדין עמידת העדים נאמר אלא על שעה שהם מגידים לפני ב"ד, ולא בשעת חלות הקידושין.

(31) שו"ע סי' מ"ב ס"ג וראה בשו"ת שארית יעקב אהע"ז סי' י"ח.

(32) בן איש חי פ' שופטים ס"ה.

(33) כן עמא דבר.

19. Some say the wittnesses must see the *kallah's* face in order to attest to her identity.[34] Others say it is not necessary because everyone knows who she is.[35] Our custom is that the *kallah's* face is covered with a veil during the *kiddushin*.[36] Some are strict and lift the veil for a moment, so the wittnesses can look,[37] or the wittnesses look when the *kallah's* veil is lifted for her to drink the wine following the *birchas eirusin*.[38] One sage said the witnesses should look at the *kallah* before the *chassan* places the veil on her (at the *bedekin*).[39]

20. The *chassan* should have in mind to acquire the *kallah* as his wife when he gives her the ring. The *kallah* should realize she

---

(34) שו״ת מבי״ט ח״א סי׳ רכ״ו, ושו״ת ח״ס אה״ע סי׳ ק׳, ותעלומות לב קונטרס הליקוטים אה״ע דף ק״א אות ח׳ שכן מנהג טראבלס לגלות פני הכלה בשעת הקידושין, וכ״כ בשו״ת חסד לאברהם (תאומים) ח״ב סי׳ כ״ז פקפק על המנהג שאין העדים רואים מי המתקדשת דאין זה חזקה גמורה, וכ״כ בזכרון יהודה (מרבינו יהודא בן הרא״ש) שיגלו פני הכלה קודם הקידושין ואחר הקידושין יכסו אותה, וכ״כ בחסד לאברהם ח״א סי׳ כ׳ כתב שהדרך הנכון לכל ירא ה׳ ליזהר שיראו העדים שזהו האשה המתקדשת שלא יהיה פקפוק בשורש קדושת ישראל. וכ״כ בשו״ת שארית יעקב אה״ע סי׳ י״ח וסידור בית עובד דיני קידושין אות ז׳, וראה באוצה״פ סי׳ מ״ב סקל״ב אות כ״ב כ״ה.

(35) אבנ״מ סי׳ ל״א סק״ד.

(36) שו״ת בית שלמה סי׳ ט׳, ושו״ת נפש חיה סי׳ כ׳ שכן המנהג בכל תפוצות ישראל, ושו״ת שאילת שלום סי׳ י״א, ועין יצחק ח״א סי׳ ס״ב אות ה׳, ומשכנות הרועים אות ק׳, ויפה ללב ח״ד סי׳ ל״א ס״ג ושו״ת בית שלמה סי׳ ט׳, ואב״מ סי׳ ל״א סק״ד, ותורת חסד סי׳ ח׳ אות ד׳, ושו״ת דברי מלכיאל ח״ג סי׳ ק״מ, ושו״ת מהרש״ם ח״ג סי׳ רע״ט דעתם דהוי חזקה גמורה כיון שמוליכין את כלה ע״י נשים תחת החופה א״צ שיכירוה העדים, שהרי מפורסם כי היא פלונית עיי״ש.

(37) אוצה״פ אות ל״ב בשם כמה פוסקים, וכן נהג כ״ק אדמו״ר מצעהלים זצ״ל והגאון רבי יעקב קאמניצקי זצ״ל.

(38) ערוה״ש סי׳ ל״א ס״ט וראה במט״מ הל׳ הכנסת כלה אות ה׳, ושו״ת הרדב״ז ח״ד סי׳ קנ״ו ושו״ת פרי השדה ח״א סי׳ ד׳, ועיין בשו״ת יבי״א ח״ד אה״ע סי׳ ה׳.

(39) הוא כ״ק אדמו״ר מפאפא זצ״ל לעשות פשרה בין הדיעות.

is acquiring the ring and becoming his wife.[40]

21. Before the *chassan* gives his *kallah* the ring, the *rav* asks the wittnesses if the ring is worth a perutah. The wittnesses reply that it is.[41] It is proper for the *kallah* to hear this, so that she is accepting it only as a perutah and should not be misled as to the ring's value.[42]

22. The *kallah's* face should be covered when the ring is placed on her finger, to show she does not care about the ring's value.[43]

23. Immediatly prior to the actual *kiddushin* the *birchas eirusin-bracha* on *kiddushin*-is recited (See chapter 10 for details.)

24. The *chassan* should bear in mind that by marrying his wife through *kiddushin* and *nesuin* he is fulfilling the mitzvah of "be fruitful and multiply."[44] It is proper for the *chassan* to say, "I am preparing to fulfill the *mitzvah* of *kiddushin* as the Torah commands."[45]

25. The *kallah* should intentionally stretch out her finger so as to show she willingly accepts the *kiddushin*.[46]

---

(40) אמרי דוד סי׳ כ״ט עפ״י השו״ע חו״מ סי׳ רמ״ב ובקצוה״ח שם סי׳ ער״ה סק״ד ושו״ת שארית יעקב אה״ע סי׳ ח׳.

(41) מהרי״ל הל׳ נשואין ורמ״א סי׳ ל״א ס״ב וכנה״ג שם אות ב׳ ושו״ת שארית יעקב אהע״ז סי׳ י״ח, ועיין בערוה״ש שם ס״ח שבארץ מגורו ליטא אין נוהגין כן.

(42) שו״ת פרי אליהו סי׳ ע״ה.

(43) רמ״א הנ״ל, וראה באוצה״פ סי׳ ל׳ סקי״ד אות ט׳.

(44) דרך פקודיך מ״ע א׳, וכ״כ בדרך המלך על הרמב״ם פ״א מה׳ אישות שהגאון בעל מנ״ח זצ״ל בעת שהיה מסדר קידושין היה נוהג להזהיר להחתן שיכווין לכוונת המצות עיי״ש, ובשלחן העזר דף קכ״ח ע״א.

(45) שלה״ק שער האותיות ברכת אירוסין.

(46) שו״ת משיבת נפש סי׳ ל״ו עפ״ד הריב״ש סי׳ ק״ע.

26. The *chassan* places the ring on his *kallah's* right index finger with his right hand. The *chassan* faces the *kallah* and tells her: הרי את מקודשת לי בטבעת זו כדת משה וישראל - "You are sanctified to me with this ring according to the law of Moshe and Israel." The *kallah* and wittnesses must hear these words.[47] The *kallah* remains silent.[48]

27. The *rav* usually says the words for the *chassan* to repeat after him. The *rav* does not say the word לי (to me), unless the *chassan* is not learned, then the *rav* says לי in a low voice.[49]

28. The *chassan* should not pause (while saying הרי את) more than three seconds between each word.[50]

29. There should not be anything between the *kallah's* ring and her finger.[51]

30. The *chassan* should complete the sentence of...הרי את before he places the ring on the *kallah's* finger.[52] Others hold that the *chassan* begins placing the ring when he says הרי and finishes the word ישראל with the ring on her finger.[53]

---

(47) שו"ע סי' ז"ך ס"א ורמ"א סי' מ"ב ס"ד, ועי' בשו"ת פרי אליהו סי' ע"ד דחתן שאינו יכול לבטאות שין ימנית ואמר בשין שמאלית, אין חשש כיון שאין יכול באופן אחר.

(48) שו"ת מהר"ם מינץ סי' ק"ט.

(49) שו"ת מהר"ם מינץ שם והובא בנחלת שבעה סי' י"ב וראה בכתר שם טוב (גאגין) (עמוד תרי"א בזה).

(50) שו"ת ח"ס אה"ע ח"א סי' פ', ופת"ש סי' כ"ה סקי"ד, ודבר אברהם ח"ב דף צ"ד ע"א.

(51) פת"ש סי' ז"ך סק"א בשם כר"ש.

(52) המקנה בקונ"א סי' ז"ך ס"ג, וחופת חתנים סי' ו' דאם יתן הטבעת ואח"כ יאמר הרי את הוי כמקדש במלוה עיי"ש, וראה כנה"ג סי' כ"ז ובשו"ת כת"ס אה"ע סי' ל"ח.

(53) שלחן העזר ח"ב דף מ"ג ע"ב וכן מנהג חב"ד.

31. The *chassan* places the ring with his right hand.[54] A left-handed *chassan* places it with his left hand.[55]

32. The ring is placed on the ***kallah's*** right index finger[56] even if she is left-handed.[57]

33. The designated witnesses must watch the transferring of the ring from the *chassan's* hand to the ***kallah's*** finger.[58]

34. The ring must stay on her finger for a while. If the ***kallah*** throws it off right away, this shows she does not want the marriage, and the ***kiddushin*** is not valid.[59]

35. If the *chassan* or *kallah* do not understand hebrew, the words can be said in a different language, provided they have the same meaning.[60] Some say the language that the *chassan* uses must be spoken by people in that country.[61] Others disagree.[62]

---

(54) שו״ת מהר״ם מינץ ובאה״ט סי׳ ז״ך סק״א.

(55) שו״ת באר משה ח״ב סי׳ ב׳, ושו״ת בצל החכמה ח״ה סי׳ ל״ו.

(56) מהר״ם מינץ ובה״ט הנ״ל ויד אהרן סי׳ ז״ך בהגה״ט אות ד׳, ונהר מצרים דף ס״ט, ושו״ת חיים ושלום (פלאגי) חי״ב סי׳ י״ט.

(57) שו״ת בצל החכמה הנ״ל שכן הדרך לענוד את הטבעת באצבע שביד ימין, ואכן אם דרכה של אשה זו לענוד הטבעת באצבע שביד שמאל, תקבל את הטבעת ביד שמאל.

(58) ראה בשו״ת מהר״ם שיק חו״מ סי׳ נ״ז, וכן ראיתי ממורי הגאון מהר״ם סופר זצ״ל שתחת החופה קרא לעדים שיראו הנתינה להיות עדים, וכן אני נוהג אחריו עכ״ל וכ״כ בשו״ת שארית יעקב אהע״ז סי׳ י״ח.

(59) שו״ע סי׳ ל׳ ס״ז.

(60) שו״ע סי׳ ז״ך ס״א.

(61) ביאור הלכה סי׳ ס״ב ס״א גבי ק״ש דכיון דשאר לשונות איננו לשון כ״א מצד הסכם המדינה כיון שאין אנשי המדינה זו מכירין בלשון זה לא נקרא לשון כלל עיי״ש.

(62) פסקי הלכות הלכות אישות ח״א (קארלין) דף מ״ט ע״ב דכן מסתברא מאחר שהיא מכרת בו, ובאיזה מקום משמעות הלשון כן למה לא תתקדש בו.

36. It is customary for the people to wish *mazel tov* following the *kiddushin.*[63] Some add *mekudeshes.*[64] In many places this is not said.[65]

37. Many women do not remove the ring from their finger unless they are washing for bread or the like.[66]

---

(63) שו״ת מהר״ם מינץ סי׳ ק״ט, וחו״י סי׳ י״ט, ודה״ח סדר ברכות אירוסין.

(64) חופת חתנים דיני ברכת אירוסין, ושו״ת תשובה מאהבה סי׳ קי״ז וכ״כ בכלילת חתנים וכל הקהל אומרים מקודשת בסימן טוב ומזל טוב, מז״ל ר״ת מאיש לוקחה זאת, וכן מנהג סקווירא.

(65) מדינת ואונגארין כן העיד בשלחן העזר ח״ב דף קל״ז ע״א.

(66) עפ״ד החינוך מצוה תקנ״ב שנהגו לקדש בטבעת להיות בידה למזכרת שתתן אל לבה לעולם שהיא קנויה לו, וכ״כ בשו״ת דברי יוסף (אירגאס) סי׳ מ״א, וראה בנפש חיה סי׳ ע״ט ובאוצה״פ ח״י עמוד קפ״א.

10

Laws of Birchas Eirusin and Nesuin

1. Prior to the *kiddushin* the *birchas eirusin* - blessing of *kiddushin* - is recited.[1] This is derived from the verse of ויברך את רבקה that they blessed רבקה.[2]

2. The *birchas eirusin* is said over a cup of wine. The one reciting the *bracha* makes a בורא פרי הגפן on the wine followed by the *birchas eirusin*.

3. Our custom is not to recite סברי מרנן before the *brachah*.[3]

4. Ten men should be present during the recital of the *birchas*

(1) שו״ע אה״ע סי׳ ל״ד ס״א.

(2) תוס׳ כתובות דף ז׳ ע״ב ד״ה שנאמר, וב״ח אה״ע שם.

(3) מ״ב סי׳ קע״ד ס״ק מ״ו.

eirusin.[4] If ten men are not available the *birchas eirusin* is recited anyway.[5]

5. The *chassan* appoints someone to say the *birchas eirusin.* This is done, since technically it is his obligation to make the *brachah.* In order not to embarrass a *chassan* who cannot recite the blessing, our Rabbis instituted that it should be read by another person.[6]

6. It is customary for the city's *rav* or the most prominent one present to recite the *brachah.*[7]

7. There is a difference of opinion regarding who should recite the *brachah* when the *chassan* is the *rav*[8]

8. Our custom is that the *chassan* and *kallah* drink a small amount of wine from the cup that the *birchas eirusin* was said on. The one reciting the *bracha* should have in mind to fulfill the obligation of the *chassan* and *kallah* and they drink without making a בורא פרי הגפן.[9]

---

(4) אה״ע סי׳ ל״ד ס״ד.

(5) ב״ש שם סק״ז ובאה״ט סק״י ובית הלל סי׳ ל״ד סק״ד, ויד המלך על הרמב״ם הל׳ אישות פ״י ה״ה וראה בנוב״י קמא אה״ע סי׳ נ״ו ובערוה״ש סי׳ ס״ב סי״ג ויעלת חן (פלאצק) דיני נשואין סי׳ ר׳.

(6) שו״ת חלקת יעקב ח״ב סי׳ קט״ו, שו״ת דברי ישראל (וועלץ) אה״ע סי׳ כ״ב, ושו״ת בצל החכמה ח״ב סי׳ ע״ב, וכן הורו כ״ק אדמו״ר מצעהלים ופאפא זצ״ל, וראה בשו״ת מהר״י שטייף סי׳ קל״ב שכתב דבמקום שהמנהג שצד הכלה בוחר במסדר הקידושין ילכו אחר המנהג. וכ״כ כ״ק אדמו״ר מפאפא זצ״ל בתשובתו הנדפסה בטהרת יו״ט, ח״ט שכמה מקומות ביוראפ מחזיקים ששיך לצד הכלה.

(7) באר שבע סי׳ מ״ט, ושו״ת מהר״ם מינץ סי׳ פ״ו, ושו״ת נוב״י תנינא אה״ע סי׳ א׳, וראה בגמ׳ חולין דף ט׳ ע״א דת״ח צריך שילמוד ברכת נשואין, והובא להלכה בקיצור פסקי הרא״ש שם סי׳ י״ב.

(8) ראה שד״ח מערכת חו״כ אות ח״י, ואוצה״פ סי׳ ל״ד סק״ד אות ג׳.

(9) עזר מקודש סי׳ ל״ד ס״ק ב׳.

9. It suffices to drink a small amount of wine. There is no need to drink most of the wine.[10] Some hold the *chassan* and *kallah* should not drink too much from the wine following the *birchas eirusin*. The wine might be too strong and the *kiddushin* will not be performed with clear minds.[11]

10. It is best not to interrupt between the *birchas eirusin* and the *kiddushin* with non-*kiddushin* related talk. If one does interrupt he does not repeat the *brachah*.[13] Waiting silently is not a problem.[14]

11. After the *kiddushin* takes place the *kesubah* is read aloud in order to separate the *birchas eirusin* from the *birchas nesuin*.[15]

12. The honor of reading the *kesubah* under the *chupah* is given to a distinguished person.[16] Sometimes the *rav* who officiates reads the *kesubah*.[17]

---

(10) נתבאר בנטעי גבריאל נשואין ח״ב עמוד קע״ה אות י׳.

(11) שו״ת מהרש״ם ח״ה ס״ה.

(13) ברכת הבית שם בלוח התיקון דלא דמי לשאר ברכות שמברך לעשות המצוה, משא״כ בזה דהוא רק ברכת השבח ואינו מברך ״לקדש״, וכ״כ באוצה״פ סי׳ ל״ד סק״י אות צ׳.

(14) פמ״ג בפתיחה כוללת להל׳ ברכות אות י״ד, וברכת הבית שער ס״ב ס״ג.

(15) רמ״א סי׳ ס״ב סעי׳ ט׳.

(16) כ״כ בספר ברוך מבנים (ווילנא תרכ״ט) עמוד צ״ז והעתיק בקובץ אורייתא כרך ט״ו עמוד ש״ג דחתונה הגדולה בזעליחוב נכדת רבה״ק מלובלין זי״ע היה רבינו הקדוש הרבי מלובלין זי״ע קורא הכתובה, וראה בשלחן העזר ח״ב דף מ״ה ע״ב בשם מהרי״ל דיסקין שהי׳ נוהג לכבד קריאת הכתובה לצורבא מרבנן, ושמעתי מפ״ק הגח״צ מצעהלים זצ״ל שהשיב לכ״ק אדמו״ר מפאפא זצ״ל על שאלתו למה בחר בכיבוד קריאת הכתובה יותר מברכות הלא בימים ההם הי׳ המשמש קורא הכתובה, והשיב שבאמת כל ברכה חשוב אצל הקב״ה ואין נפ״מ בין ברכת שהכל נהיה בדברו לבין ברכה שתחת החופה, רק כיון שהעולם חושבים שקריאת הכתובה בא אחר סידור קידושין הוא כיבוד חשוב לכן בחר לו אותו כיבוד ע״כ. וראה בספר הל׳ הגר״א ומנהגים להגר״מ שטערנבוך ח״א דף קס״ת טעם למה נהגו לכבד אדם חשוב לקריאת הכתובה.

(17) שו״ת מהר״ם מינץ סי׳ ק״ט, וסידור דה״ח, ולא ראיתי נוהגין כן.

13. After one reads the *kesubah* it is given to the *kallah*.[18]

14. It is proper for the *kesubah* to be transferred in front of two wittnesses.[19]

15. After the reading of the *kesubah* the cup is refilled with wine for *birchas nesuin*.[20] Our custom is to use a second cup for the *birchas nesuin*.[21]

---

(18) וראה באורחות חיים ריש הלכות כתובות וז״ל ואח״כ לוקח החתן את הכתובה ונותנה ביד הכלה, ושמעתי שהמנהג הוא מפני רוב ספיקות הנולדות בקדושין שאם לא יועילו הקדושין הראשונים יועילו אלו שיהא בשטר שכך כתיבה ביה הוי לי לאינתו כדת משה וישראל וכו׳ ומטעם זה נהגו בגלילות פרווינצא לברך ברכת חתנים בשעת נתינת הכתובה עכ״ל ולא ראיתי נוהגים כן.

(19) תשב״ץ ח״ג סי׳ ש״א שאין תוקף השטר עד שימסור ליד הקונה עיי״ש, אם כי אין נוהגין כן, ראוי לחוש לדברי חד מקמאי.

(20) שו״ע סי׳ ס״ב ס״א, וליקוטי מהרי״ח סדר ברכת נשואין.

(21) מחזור ויטרי סי׳ ת״ע, ושבולי לקט סי׳ ע״ב דיני ברכת חתנים, והרמ״א סי׳ ס״ב ס״ג דהיה מנהגם ליקח כוס מיוחד לברכת נשואין, ועיין בשלחן העזר דף מ״ו ע״א אות ו׳ מש״כ בזה. ועי׳ פרמ״ג או״ח סי׳ תק״ס ס״ק ד׳ במשבצ״ז.

11

Birchas Nesuin & The End of The Chupah

1. During the *nesuin* we recite the *birchas nesuin*- the blessings of *nesuin.* They are comprised of seven blessings which deal with the honor of Hashem, the *chassan* and *kallah* and those assembled to rejoice with the couple. These are the same seven blessing that are recited after *birchas hamozon* during the first week of marraige and are refered to as *sheva brachos*- the seven blessings.

2. It is preferable for the *brachos* to be recited by prominent people.[1]

---

(1) רבינו אברהם בן הרמב״ם שבתחלת מעשה רוקח ״ולכן הראוי שיברך אותם הגדול שבנמצאים״, וכ״כ בכנה״ג סי׳ ס״ב סקי״ד חכם מברכו, וכשאין חכם נותנין לגדול שבקהל, והטעם מפני שגדול המברך, ועוד שמצינו שהקב״ה בירך ברכת נשואין לאדם וחוה עכ״ל וכ״כ בנוה שלום (מנהגי נא-אמון) אה״ע דף נ״ד אות כ״ד שמנהג לכבד להמו״ץ בברכת ארוסין ונשואין.

3. It is recommended not to honor someone who does not understand the meaning of the *brachos*[2] to recite them.

4. The *chassan* himself should not recite the *brachos* because he is considered the recipient of the blessings and it is proper that they be recited by someone other than himself.[3]

5. Ten people must be present while the *birchs nesuin* are recited. If ten people are not available the *brachos* are not said.[4]

6. The *chassan* and the witnesses[5] may be included in the ten. Even one not standing under the *chupah* canopy is counted as one of the ten men.[6]

7. If nine men do not hear the *bracha* and answer *amen,* the *brachah* may have been recited in vain.[7] Some recommend that at least nine men be able to hear the *brachos* without the aid of a microphone.[8]

8. If some of the ten men leave in middle of the recital of the *brachos,* the rest of the *brachos* may be recited, provided that six men remain. If less than six men remain the *brachah* he

---

(2) שלחן העזר ח״ב דף מ״ז ע״א.

(3) רבינו אברהם בן הרמב״ם שבסוף ספר מעשה רוקח, ודרישה סי׳ ל״ד אות א׳, והמנהיג סי׳ ק״י והגהות סמ״ק מצוה קפ״ג וכנה״ג סי׳ ס״ב, והחיד״א בחיים שאל ח״ב סי׳ ל״ח אות נ״ו עיי״ש, וסידור בית עובד דיני ברכת נישואין אות י״ב.

(4) אה״ע סי׳ ס״ב ס״ד.

(5) ח״מ סי׳ ל״ד סק״ז וטיב קידושין סי׳ ל״ד סק״ו וערוה״ש ס״י.

(6) שו״ת נחלה לישראל סי׳ ס״ב דאע״פ שמקום היא רשות בפני עצמו מ״מ הואיל והציבור עומדים תכופים זה לזה מצטרפים יחדיו.

(7) שו״ת חלק״י ח״א סי׳ נ״ט, שו״ת מנח״י ח״ג סי׳ ל״ט.

(8) יוסף אומץ עמוד של״ב, שו״ת רבי טיאה ווייל אה״ע סי׳ כ״ח שו״ת ירושת הפליטה סי׳ ו׳, שו״ת קול מבשר ח״ב סי׳ כ״ה.

began may be completed but he may not recite the remainder of the *brachos*.[9]

9. It is permitted to divide the *brachos* in order to honor many people with reciting *brachos*.[10] Some hold one person should recite the first six *brachos* and another person recites the final *brachah*.[11]

10. If the *brachos* are given to many individuals, each man reciting a *brachah* not beginning with the *baruch* should listen to the preceding *brachos* and not speak before his *brachah*.[12]

11. It is best for all those reciting *brachos* to stand near the *chupah* so that there should be no interruptions.[13]

12. All those reciting *brachos* should not speak until after the final *brachah* is said.[14] Ideally, anyone who recited a *brachah* should not speak until the wine is drunk.[15]

---

(9) חנא וחסדא ח"א דף קי"ב שנלמד משו"ע או"ח סי' נ"ה ס"ב גבי דיני קדיש.

(10) עצי ארזים סי' ס"ב סק"א, ושלחן העזר סי' ח' דף מ"ח ע"ב אות ח"י דכן המנהג בעיה"ק ירושלים לחלק הז' ברכות, וכ"כ בשו"ת חסד יהושע תנינא סי' ג', ובספר זכר צדיקים לברכה (תולדות חכמי איטליה) עמוד קנ"ט להליץ על איזה קהלות שמחלקים ברכת נשואין לחמשה אנשים עיי"ש. ושו"ת שאילת שלמה ח"א סי' ט"ז, וכ"כ בשו"ת אגרות משה אה"ע סי' צ"ד, ושו"ת צי"א ח"ו סי' ב' וכן עמא דבר.

(11) כן היה המנהג קדום לחלק את ברכת הנשואין רק לשנים כמ"ש בדרה"ח סדר ברכות אירוסין וכ"כ במנהגי קאמרנא אות קכ"ו ומנהג סקווירא וויזניץ.

(12) שערי אפרים שער ט' בפתחי שערים אות ל', ושו"ת הר צבי או"ח סי' מ"ד, וראה שו"ת יבי"א ח"ו סי' ב', וכן מנהג צאנז שלא לחלק את הברכות.

(13) אגרות משה אה"ע סי' צ"ד, ושובע שמחות עמוד צ"א אות קמ"ה, וראה חסד יהושע שם ובשו"ת יבי"א ח"ה סי' י"ב.

(14) שערים מצויינים בהלכה סי' קמ"ז אות י"א, מפי הגאון רבי יונתן שטייף זצ"ל.

(15) עזר מוקדש סי' ס"ב ד"ה עי' ב"ש, שו"ת אגרות משה אה"ע סי' צ"ד, ושובע שמחות עמוד צ"ב אות קמ"ו.

13. The *birchos nesuin* are valid, even if the seven *brachos* of *nesuin* were not recited in the correct order.[16] Some say that if *Asher Yatzar* was mistakenly recited before the *brachah Yotzer Ha'Adam,* then *Yotzer Ha'Adam* should not be recited.[17]

14. The men and women should be separated during the recital of the *brachos.* Even if they are together, the *brachos* are recited.[18]

15. If a woman is immodestly dressed or a married women's hair is uncovered, the man reciting the *brachos* should cover his eyes with his hands or turn in the opposite direction.[19]

16. It is proper to recite the *brachos* from a *siddur,* so as not to make a mistake.[20]

---

(16) באה״ט סי׳ ס״ב סק״ג בשם אגרות הרמב״ם (פאר הדור) סי׳ ט׳.

(17) עצי ארזים שם סק״א, וכ״כ בשו״ת בית אבי ח״ג סי׳ קמ״ג וכן הביא ברבבות אפרים ח״ג סי׳ קנ״ו שכן הורה הגר״ם פיינשטיין זצ״ל.

(18) שו״ת כת״ס סי׳ מ״ז, וראה בלבוש החור בסוף בחלק המנהגים סל״ו, ודרך פקודיך מצוה ל״ה עיי״ש.

(19) ראה בשו״ת מהרש״ם ח״ד סי׳ קמ״ו וז״ל ובדבר הפירצה של הנשים היוצאות פרועות ראש, לא אכחד כי זה איזה שנים שאיני רוצה לומר תחת החופה ז׳ ברכות גם אם יפצירו בי, ורק ברכת אירוסין שהוא הכרחי, הנני סומך על הב״י דבסגירת עינים מותר, אבל בז׳ ברכות שאינו הכרחי לומר בעצמי, אני חושש לדעת רוב הפוסקים החולקים על הב״י בזה דלא מהני עצימת עינים נגד שער באשה ערוה ויכבדו לאחר לומר הז׳ ברכות, ובעוה״ר הפרצה רבה והולכת והש״י ירחם עכ״ל. וראה גם בגבעת שאול (קאשוי) אות קל״א, שכתב ובעוה״ר נכשלו בזה הרבה נשים ונערות שהולכות בגילוי שער ובגילוי בשר, ובחופות א״א לברך ברכות נגדם ואין עצה ותחבולה נגד זה, רק אם משתדלין שבצד אחד לא יעמדו נשים, והמברך יפנה בשעת הברכות לאותו צד עכ״ל, וכ״כ בשו״ת נהרי אפרסמון אה״ע סי׳ י״ט, ונמוקי או״ח סי׳ ע״ה, ושלחן העזר סי׳ ס׳ אות י״ד, ושו״ת ישכיל עבדי ח״ד או״ח סי׳ ט׳, ושו״ת מהריא״ץ או״ח סי׳ ה׳, ושלחן מלכים סי׳ ה׳ עמוד ל׳, וכן נהג מו״ר כ״ק אדמו״ר מפאפא זצ״ל. ואולי מה״ט נהג כ״ק אדמו״ר מסאטמאר זצ״ל להוריד הכובע שלו עד למטה מעיניו אצל ברכת ארוסין בחופות.

(20) או״ח סי׳ ק׳ ומחה״ש שם, וכ״כ בויצבר יוסף סי׳ כ״ד.

17. Some recommend that all the people gathered stand during the recital of the *brachos*.[21]

18. All the assembled guests should listen to the *brachos* and answer *amen*.[22]

19. Following the seven *brachos* a little wine is given to the *chassan* and *kallah*.[23] They do not recite *hagafen*, as the one who recited the *brachah* had them in mind.[24]

20. The *chassan* does not hand his *kallah* the wine; rather, her father or one of the women present hands it to her.[25]

21. It is customary to break a glass following the *chupah* to remember the destruction of *Yerushalayim*.[26] The glass should be wrapped to avoid injury.

---

(21) באה״ט סי׳ ס״ב סק״א בשם כנה״ג, ושו״ת האלף לך שלמה סי׳ קט״ו מדייק מדברי תקו״ז תיקון י׳, ונהר מצרים דף קפ״ב ע״א, וכ״כ בסידור בית עובד אות י״א מנהג קושטא ואיזמיר וארץ המערב לעמוד כל העם בשעת ברכת חתנים וז׳ ברכות, וציין שם לדברי התיקונים עיי״ש.

(22) יוסף אומץ עמוד של״ב, וכ״כ בסידור האר״י ז״ל הל׳ ברכת חתנים וכן בסידור לרבי אשר, ורבי שבתי, וסידור רבי קאפיל, וסידור האר״י (דפוס זאלקווא תקמ״א) וז״ל מצוה לשמוע ברכת חתנים ולענות אמן וצריך להדר ע״ז, עכ״ל.

(23) שו״ת מהר״ם מינץ סי׳ ק״ט, ותשב״ץ ח״ג סי׳ שע״ט, והובא בחופ״ח סי׳ ו׳ דהחתן וכלה טועמין שהמצוה נעשית בשבילן והם ראוים לטעום מהכוס. וראה בשלחן העזר דף מ״ו ע״א שמביא שהגרי״ח זוננפלד נהג שלא לטעום מהכוס רק לראות שהאצבעות יהיו רטובים מהיין, ומטיפין אלו נהג לטעום.

(24) הרוקח סי׳ שנ״א ותשב״ץ סי׳ ס״ה ופנ״י כתובות בקונט״א סי׳ כ״א וסידור התניא ודה״ח דיני ברכת ארוסין ועזר מקודש סי׳ ל״ד וערוה״ש סי׳ ס״ב ס״ח.

(25) שלחן העזר דף מ״ט ע״א, דלא כהמנהג שהביא במעשה רוקח שהחתן יתן להכלה עיי״ש.

(26) רמ״א או״ח סי׳ תק״ס ס״ב ואהע״ז סי׳ ס״ה ס״ג וראה בד״מ סי׳ תק״ס ומהר״ם מינץ סי׳ ק״ט שנוהגין לשבור ארוסין, ולא כוס של נשואין שמברכין עליו ברכת והתקין לו ממנו בנין עדי עד, שע״ז אין לשוברו שמורה ח״ו על שבירת הענין וסימנא מילתא עיי״ש. אמנם היום המנהג שמייחדין כוס מיוחד עבור לשוברו.

22. It is our custom to break the glass after drinking the wine following the *birchas nesuin.*[27] Others break the glass between the *kiddushin* and reading the *kesubah.*[28]

23. The *chassan* breaks the glass with his right foot.[29] The *chassan* should remember *Yerushalayim* while he is breaking the glass.[30] It is proper for him to recite אם אשכחך ירושלים תשכח ימיני. (Psalm 137, verse 5) Some recommend that the crowd should not shout *mazal tov* immediately, for breaking the glass is a sad reminder of the destruction of the *Beis Hamikdash.*[31]

24. It is customary for music to be played following the *chupah.*[32]

25. Following the *chupah* some have a custom that the *chassan* holds the *kallah's* hand while leading her to the *yichud* room.[33]

---

(27) רמ״א סי׳ ס״ה ס״ג ומהרי״ל ומהר״ם מינץ סי׳ ק״ט ושלחן העזר דף נ״א ע״א שכן מנהג אונגארן ומנהגי חב״ד עמוד ע״ו וערוה״ש שם, ושו״ת לבושי מרדכי אה״ע סי׳ מ״ט.

(28) מט״מ דיני הכנסת כלה ח״ג פ״א אות ט׳ ודה״ח דיני ברכת אירוסין ושד״ח מערכת חו״כ אות י״ב ושלחן העזר הנ״ל שכן מנהג ירושלים וכן מנהג סקווירא מונקאטש וויזניץ, ועי׳ פרמ״ג או״ח סי׳ תק״ס ס״ק ד׳ במשבצות.

(29) שלחן העזר ח״ב דף מ״ט ע״ב ומנהגי חב״ד עמוד ע״ו, וראה במחזור ויטרי אות ת״ע ובמהר״ם מינץ סי׳ ק״ט ומהרי״ל שהחתן שוברו ע״י זריקה בכותל, ואולי הכוונה שידוע בספרי הסטוריה שבימים ההם היה אבן מיוחד בחצר ביהכ״נ ששם זרק החתן את הכוס אחר הברכות.

(30) סידור בית עובד דף קצ״ח ע״א.

(31) סידור בית עובד שם ושו״ת יבי״א ח״ד אה״ע סי׳ ט׳.

(32) אור לשמים בחלק ליקוטים דף ר״ה וז״ל ואחרי החופה מזמרין במיני כלי זמר לעורר דהע״ה שהיה מנגן ביד לכבוד חתן וכלה העליונה עיי״ש, וכן ראיתי אצל כ״ק אדמו״ר מסקווירא זצ״ל שהקפיד שיזמרו בכלי שיר אחר החופה .

(33) שו״ת פרי האדמה ח״ג עמוד י׳ דלדעת הטו״ז סי׳ נ״ז סק״ד בהולכה זו נחשבת כמסירה לרשותו לכן מה שמוליכה החתן בידו לבית הנשואין יותר מארבע אמות קונה עיי״ש, וכ״כ בספר תקנות ומנהגי ירושלים (שנת תר״ב) וז״ל המנהג שהחתן מוליך הכלה בידו לבית הנשואין יותר מארבע אמות כשהיא טהורה והובא בעדות לישראל בהוספות לעמוד ס׳ וע׳

בשער המפקד הלכות קדושין דף ט״ז ע״ב אות י״ב שהאריך להקשות ע״ז שע״י שיקנה החתן את הכלה לא צריך לאוחזה בידה וסגי שהולכים ביחד וכתב טעם אחר דטעם המנהג הזה השורר גם היום בארץ הקדש תוב״ב, הוא לזכרון מעשה אבותינו הקדושים שכן כתוב בתורה ויביאה יצחק האהלה שרה אמו שיצחק אבינו הוא הביאה האהלה. וכדי שבזה תהיה חביבה על בעלה, שכן כתוב שם ויקח את רבקה ותהי לו לאשה ויאהבה, ואנחנו בניהם אוחזים בידינו מעשה אבותינו ומברכתם נתברך גם אנחנו, ועוד להורות שהחתן אוחז בידיה ומכניסה תחת רשותו שתהיה נשמעת אליו מהיום הזה והלאה, ע״ד שאמר הכתוב שמעי בת וראי והטי אזנך ושכחי עמך ובית אביך וכו׳ כי הוא אדוניך והשתחוי לו, כי זה הוא עמוד שלום הבית כאשר האשה תהיה נשמעת לדברי אישה, ובזה יעלה זיווגם יפה ומשובח, והוא לסימן טוב ויפה, והכל רמוז מן התורה ודוק עכ״ד, וסיפר לי כ״ק אדמו״ר מוויזניץ (מאנסי) שליט״א שבדידיה הוי עובדא שהסתפק אי יאחוז את הכלה והלך כ״ק אדמו״ר מהר״ר יהודה הורוויץ שליט״א ואחז ידו על יד הכלה ע״כ. וכן מנהג יקירי ירושלים. וראה בספר דברי חיים דוב עמוד כ״ד טעם לשבח עפ״י חסידות עיי״ש וכ״כ כלילת חתנים ס״י אות ד׳ וז״ל והחתן והכלה יוצאים מחופתם לביתם בחיבוק ידים וכ״כ בשלחן העזר דף ס״ז אות ג׳ וכן נוהגים חסידים ואנשי מעשה.

12

The Yichud Room

1. After the *chupah* the *chassan* and *kallah* enter a private room together, called the *yichud* room. The purpose of this is to satisfy the halachic view that being together in a secluded room constitutes *chupah*.[1] (see introduction to Chapter 9)

2. The *chassan* and *kallah* enter the *yichud* room immediately following the *chupah* in order not to have a long interruption between the *brachos* under the *chupah* and the *yichud* room.[2] There is no problem if there is a distance between the two places.[3] It is permitted to speak during this interval.[4] The

---

(1) ראה ב״ח אה״ע סי׳ ס״א וח״מ סי׳ נ״ה סק״ט וב״ש שם סק״ה.

(2) פ״ת סי׳ ס״ב סק״י.

(3) המקנה סי׳ ס״ד ס״ה.

(4) דרישת ארי אה״ע סי׳ ס״ב סק״ה.

custom among Sefardim is to go to the *yichud* room after the meal.[5]

3. The *yichud* room should be set aside for the *chassan,* since *yichud* represents bringing the *kallah* to the *chassan's* home.[6] Some *chassanim* rent the room.[7]

4. Two witnesses have to watch the *chassan* and *kallah* enter the *yichud* room. The *chassan* and *kallah* should see the witnesses before entering the room.[8] The custom among Sefardim is not to have witnesses for the *yichud* room.[9]

5. Some have a custom that the *kallah* enters the *yichud* room before the *chassan.*[10]

6. No one should be in the room besides the *chassan* and *kallah.*[11]

7. The door of the room should be closed.[12] It is preferable to lock the door.[13]

---

(5) שו״ת ישכיל עבדי ח״ז סי׳ י׳ וגם המקנה הנ״ל העיד שבארץ אשכנז עושים היחוד לאחר הסעודה כי המה סוברים דעיקר החופה היא פריסת הטלית, וראה באוצה״פ כרך ט״ז עמוד קס״ו.

(6) דה״ח הל׳ אירוסין ומ״ב סי׳ של״ט סקל״ב ואמרי דוד סי׳ כ״ט.

(7) מעו״ז ח״ד סי׳ רפ״ז, וכן נהג כ״ק אדמו״ר מפאפא זצ״ל בנשואי בניו שיחיו.

(8) שו״ת הרדב״ז ח״א סי׳ קכ״א והמקנה סי׳ נ״ה ס״א ושו״ת אמרי דוד סי׳ כ״ט.

(9) שו״ת יב״א ח״ה סי׳ ח׳ אות ה׳ שסומכים על השיטות שחופה א״צ עדים.

(10) אגרא דפרקא אות ס״ז למד כן מדברי הזוה״ק עיי״ש.

(11) ב״ש סי׳ נ״ה סק״ג, וישועות יעקב שם סק״ג, וסידור דה״ח הל׳ אירוסין, וקישו״ע סי׳ קמ״ח ס״א, וראה בערוה״ש סי׳ נ״ה סי״א שהעיד שבזמנם שאין מקפידין ע״ז וכל השושבינים ובני החתונה באים בחדר היחוד ועיי״ש מה היא הקנין.

(12) שו״ת הרדב״ז ח״א סי׳ קכ״א.

(13) ראה בעזר מקודש סי׳ ס״א ס״א, ושו״ת מנח״י ח״ד סי׳ כ״ט.

8. The *chassan* and *kallah* should remain in the room a short while.¹⁴ Some say that they must stay for five minutes.¹⁵ Others say as soon as they enter the room, the *chupah* is completed,¹⁶ and they may leave the room immediately.

9. The *chassan* and *kallah* eat together in the *yichud* room.¹⁷ They should then recite the *brachos achronos,* since the *birchas hamazon* might not be valid for this snack.¹⁸

---

(14) בית מאיר סי׳ נ״ה לדעת הב״ש סי׳ נ״ה סק״ב דבעינן זמן הראוי לביאה, וכ״כ בשו״ת אבני נזר אה״ע סי׳ שי״ט.

(15) שו״ת מנח״י ח״ד סי׳ צ״ה שהגאון מבריסק זצ״ל החמיר דבעינן שיעור חמש מינוט, וכן פסק כ״ק אדמו״ר מפאפא זצ״ל.

(16) המקנה סי׳ ס״ד ס״ה, ובית מאיר סי׳ נ״ה, ועזר מקודש סי׳ ס״א ס״א וכ״כ בשו״ת דברי שלום ח״ג סי׳ קפ״ח וכן העיד הגאון הרב ליבעס שליט״א בעהמ״ס שו״ת בית אבי שכן הורו בגאלציה.

(17) רמ״א סי׳ נ״ה ס״א ומהרי״ל בסדר נשואין.

(18) עפ״י שו״ע סי׳ קע״ו ס״א ומ״ב סק״ב וקשו״ע סי׳ ל״ט.

13

Rejoicing at the Chasunah Meal

1. Meat[1] and wine[2] should be served at the *chasunah* meal. It is acceptable to have chicken.[3] Others say meat must be served.[4] There should be an abundance of food as on *Yom Tov*.[5]

---

(1) מג״א סי׳ רמ״ט סק״ו דבסעודת מצוה צריך להיות בבשר, וכ״כ בשו״ת חו״י סי׳ ע׳ ושו״ת מהר״ם שיק אה״ע סי׳ פ״ט.

(2) שלחן העזר ח״ב דף ס״ח ע״ב, דאין שמחה אלא ביין ראה בשו״ע או״ח סי׳ תקכ״ט ס״א.

(3) כן מוכח בגמ׳ כתובות דף ה׳ ע״א שמא ישחוט בן עוף, ובמק״א הארכתי דגם ביו״ט יוצאין בזה״ז בבשר עוף, וכן ראיתי מעשה רב אצל צדיקים שאוכלין בחתונות רק בשר עוף.

(4) פסקי תשובה סי׳ קצ״ד בשם הגה״ק בעל אמרי אמת מגור זצ״ל דאין שמחה אלא בבשר בהמה, כדאיתא בחגיגה ח: וכן פסק הרמב״ם פ״ב דחגיגה ה״י, וכן מוכח מהא דמדינא אינה אסור בסעודת המפסקת אלא בשר בהמה.

(5) יפה ללב ח״ד סי׳ סק״י עפ״י הבה״ט סי׳ ס״ב סק״ב שכבוד חו״כ עדיף מכבוד הרגל עיי״ש.

2. The guests are served many delicacies.[6] Some bake bread made with honey and spices.[7]

3. Our sages said,[8] that, in order to be reminded of the destruction of the *Bais Hamikdash* one who serves a festive meal including a wedding meal,[9] should omit one course from being served.[10] There should be an empty space on the table to signify something is missing.[11] Others say that it is not necessary to leave space on the table.[12] Presently, the custom is not to omit a course from the meal.[13]

4. It is proper not to spend excessively on a *chasunah* meal.[14] Many sages have limited excessive spending.[15]

---

(6) אור לשמים דף ר״ד ע״ב לרמז כי נמתקו הדינין.

(7) שקוראין ״פאלדין״ אור לשמים שם שהוא אותיות פלא דין שידוע שהמתקת הדינים המה בשורשם עיי״ש.

(8) שו״ע סי׳ תק״ס ס״ב.

(9) טו״ז סק״ה והעתיקו כל האחרונים.

(10) מג״א סק״ה.

(11) שו״ע שם.

(12) א״ר אות ב׳ ומ״ב סק״ז ופתחי עולם שם אות ב׳.

(13) שלחן גבוה שם וחיי״א כלל קל״ז ס״ב וערוה״ש ס״ו כתב ועכשיו אין אנו יודעין מזה וקשה הציור לפנינו מהו המקום הפנוי וכ״כ במקור חיים שם דאין משגיחין עתה בזה מפני שבלא״ה הסעודה חסרה כמה מעדנים, וסיים ע״ז דיש להחמיר, וראה בקישו״ע סי׳ קכ״ו ס״ה לא הביאו כלל וע׳ בנטעי גבריאל בין המצרים עמוד רי״ד.

(14) איתא בסוכה דף מ״ט ע״ב עה״פ והצנע לכת עם אלקיך זו הכנסת כלה לחופה ופרש״י לסעוד במדה נאה וע׳ בצוואת רבינו יהודה החסיד אות ל״ב שלא יצודו צבי לחופה, כי צבי לחופה צרה יגיד ופי׳ המפורשים הכוונה שצבי הוא דרך שרים ולא לבזבז ממון בחתונות שלא לעורר קנאה ושנאה.

(15) ראה בחנא וחסדא כתובות ח״א דף ע״ה ושו״ת תירוש ויצהר סי׳ קי״ט וספר תקנות ניקלשבורג סי׳ ע״ט.

5. The *chassan* and *kallah* should enter the dining hall accompanied by music.[16]

6. The *chassan* sits at the head of the table.[17]

7. The *chassan* recites *hamotzee* first[18] on a very large *challah*.[19] Presently, the guests begin eating before the *chassan* enters the dinner hall.[20]

8. The guests should be respectable people.[21]

9. It is a *mitzvah* to gladden the hearts of the poor people by inviting them to the *chasunah* meal.[22]

10. Songs should be sung during the meal.[23]

11. Torah should be learned at the meal.[24] Many sages deliver

---

(16) ראה בכלבו סי' ע"ה ששמחת נישואין קרויה הילולא, משום שמביאים את החתן והכלה בהילולים ועיין בשלחן העזר ח"ב דף ע"ב ע"א.

(17) גמ' מו"ק דף כ"ח ע"ב.

(18) גמ' ברכות דף מ"ז ע"א, שו"ע סי קס"ז מג"א שם ס"ק כ"ט, ושו"ת באר שבע סי' ז', וחופת חתנים דיני נשואין אות ב', ושלחן העזר דף ס"ט ע"א.

(19) שו"ת משאת בנימין סי' א'.

(20) ראה בשלחן העזר דף ס' ע"א אות ד' שנדחק מדוע אין מדקדקין כשהחתן יבצע תחלה עיי"ש, ובאופן זו שהחתן אינו שם בתחילת הסעודה לא נאמר זה, שהחתן יבצע בראש ופשוט.

(21) גמ' פסחים דף קי"ג, וחופת חתנים דיני נשואין סי' ז' אות ח'.

(22) חופת חתנים שם אות ט', וקב הישר פרק יר"ד, ואור לשמים דף ר"ד ע"ב ובשלחן העזר דף ע' ע"א. ועי' רמב"ם פ"ו דיו"ט הל' י"ח.

(23) חופת חתנים סי' ה', וראה במג"א סי' עת"ר סק"ב, ובשו"ת חו"י סי' ע' דנשואי בת ת"ח או ת"ח הוי סעודת מצוה אף בלי אמירת שירות ותשבחות, מ"מ כתב בשלחן העזר ח"ב דף ע"א ע"ב שהמנהג לומר שירות בכל סעודת נשואין כדי שלא לבייש את מי שאינו ת"ח עיי"ש.

(24) שו"ת מהרש"ל סי' פ"ה וחו"י סי' ע"ח דראוי שהשמחה תהי' מעורבת ובלולה בשמחת תורה, וראה גמ' סנהדרין דף צ"ח ע"ב אמר הקב"ה לתורה בתי מה יעשו בני בשעה שאוכלים

speeches filled with *divrei* Torah.[25] Some *chassanim* say *divrei* Torah.[26] There is a custom to interrupt the *chassan's* speech.[27] Presently, many have the custom not to have speeches at the wedding meal.[28] At the meals during *sheva brachos* the custom is to have speeches.

ושותים ושמחים, אמרה לפניו רבש״ע אם בעלי מקרא הם, יעסקו במקרא נביאים וכתובים, ואם בעלי משנה יעסקו במשנה הלכות ואגדות, ועי׳ בשו״ת מהר״י ברונא סי׳ רל״א, וראה במהרש״א בח״א ברכות דף ו׳ ע״ב שראוי לשמח חתן וכלה בקול הדבור הכולל ה׳ מיני קולות שאמרנו כמ״ש בי הלולי מילי ור״ל לשמחו בשמחה בדבור של מצוה להזכיר חסדי המקום בבריאה לקיום עולם, והוא שסיים באומרו קול אומרים הודו את ה׳ שקולות השמחה והוא בשבח המקום עיי״ש דבריו המתוקים.

(25) ראה במגן אבות להרשב״ץ עמ״ס אבות פ״ג מ״ד על המשנה שלשה שאכלו על שלחן אחד, וז״ל מכאן נהגו לדרוש בסעודת חתן קודם ברהמ״ז והוא מנהג קדום נהגו בו גדולי הראשונים אנשי מעשה וחכמה, והראב״ד ז״ל כתב באיסור משהו שלו כי הוא היה נוהג כן לדרוש בסעודה, ומפני זה אמרו בפרק ע״פ כי ת״ח שאינו מסיב בסעודת מצוה הוא כמנודה לשמים, מפני שהרי מנהגם לדבר ד״ת במשתה, כדמצינו בש״ס, והוא יותר נכון ממה שנשתנה המנהג היום לדרוש בביהכ״נ קודם הסעודה ונשאר מקום הסעודה לע״ה המנבלים את פיהם עכ״ל. וכ״כ בספר עדן בגן דף כ״ט, הובא בקובץ אורייתא חט״ו עמוד ד״ש, דבחתונה הגדולה בזעליחוב נכדת של רבינו החוזה הק׳ מלובלין זי״ע והיה שם גם המגיד הק׳ מקאזניץ זי״ע כל אחד משני הצדיקים ביקש מרעהו לומר ד״ת, וכל אחד רצה לחלוק כבוד לחבירו, אמר המגיד נאמר מגיד דבריו ליעקב (תהלים קמ״ז י״ט), על יעקב לומר תורה, השיבו החוזה הלא כתיב חוקיו ומשפטיו לישראל על ישראל, יאמר תורה והסכים המגיד לומר תורה ע״כ וכ״כ בהקדמת שלחן שלמה דרשות, שהגה״ק משאלוי זצ״ל אמר תורה בכל חתונה. וזכרתי שעל חתונתי ד׳ כסליו תשכ״ז בעיר מאנטראל קאנעדא בא במיוחד מו״ר כ״ק אדמו״ר מפאפא זצ״ל וכיבדו לומר תורה כמנהג המקום, ואמר תורה.

(26) ספר המטעמים דחשוב כנשיא ומלך כמ״ש במדרש תלפיות ענף חו״כ ונשיא היה דורש ביום שנתמנה ועוד טעם כתב בשלחן העזר ח״ב דף ע״ב ע״ב אות י״ב דבשאומר ד״ת הוי סעודת מצוה ואין נאה לחתן שיחזיק עצמו לת״ח דאז בלא״ה הוי סעודת מצוה עיי״ש.

(27) הרבה טעמים לדבר, א׳ כדי להראות שלא צריכים לדרשה שיהיה סעודת מצוה, כי באמת הוא ת״ח, ועוד כדי שלא יתגאה שסעודתו הוי סעודת מצוה ע״י אמירת ד״ת אלא הוי סעודת מצוה ע״י שירות ותשבחות שעוסקים בסעודה זו, וראה עוד טעמים בספרי חסידות ובשלחן העזר דף ע״ב אות י״ב בזה.

(28) דברי תורה ח״ז אות כ״ז, וז״ל מה שנוהגים בעת סעודת החתונה לומר מאמרות ותורות כל הרבנים המסובים ומזומנים, ולעומת זה אצל הצדיקים רבותינו ואבותינו זי״ע לא ראינו כן,

12. Some say that the men and women should be seated in different rooms,[29] or a *mechitzah* should be erected between the men's and women's sections.[30]

13. It is a great *mitzvah* to increase the joy of a *chassan* and *kallah*.[31] Therefore one should dance before them and sing[32] their praises.[33]

אלא שמחה ושמחו בכל מיני רקודין ובדחנות ושמחות וזמירות שירות ותשבחות להש״י עיי״ש מקורות לזה ומסיים שעיקר המצוה לשמח את החתן והכלה וזהו בעצמו תורה עיי״ש.

(29) ספר חסידים סי׳ שצ״ג ובב״ח וב״ש סי׳ ס״ב סקי״א.

(30) ראה בלבוש או״ח בסופו במנהגים אות ל״ו שהעיר על דברי ספר חסידים דהיכא שאנשים ונשים רואין זא״ז כגון בסעודת נשואין אין לברך שהשמחה במעונו, לפי שאין שמחה לפני הקב״ה כשיש בו הרהורי עבירה וז״ל, ואין עכשיו נזהרין בזה, ואפשר משום מורגלות הנשים הרבה בין האנשים ואין כאן הרהורי עבירה כ״כ דדמיין עליהן כקאקי חיווקא מתוך רוב הרגלן בינינו וכיון דדשו דשו עכ״ל, והובא בשו״ת יוסף אומץ סי׳ מ״ז, וכעי״ז כתב בדרך פיקודיך מצוה ל״ה אות ה׳ שבעו״ה מכובד גליות וקושי הפרנסה הנשים עוסקות במו״מ, ואין כאן חידוש בראיית הנשים, כי היא דבר המורגל ולא יתפעל האדם כ״כ עיי״ש, אכן כתב ע״ז בשו״ת שארית ישראל סי׳ ח׳ שכ״ז דוקא בחדר אחד אבל במסיבה אחת אף הם לא הקילו בזה, ועוד כתב דבר אמת בשלחן העזר ח״ב דף ע׳ ע״ב אות ה׳, שהלבוש מיירי כשהנשים הולכים בבגדי צניעות כראוי, משא״כ עתה בעו״ה שאינן הולכין בבגדי צניעות כראוי וגם מריחים הבגדים במיני בשמים שונות בודאי שאין להקל בזה עיי״ש, ראה בשו״ת תפארת נפתלי (שארמאש) דהלבוש שהתיתר רק על אופן שנוהגין שקודם ברהמ״ז שרוצין לומר ברכת נשואין ומביאין הכלה לבית החתונה והכלה שהיא בושה כמבואר במשנה פסחים והכלה הופכת פניה, ע״כ לכבודה הולכת עמה אמה ומחותנתה שלא תהי׳ לבדה שם, ודרך מצותה בכך גם הוא אקראי בעלמא בשעת ברהמ״ז וברכת הנשואין. וראה במדרש תלפיות ענף חו״כ אות ג׳ מה המלך יש לו משתה אנשים לבד ומשתה נשים לבד, אף החתן כן, וככר האריך בספר קדושים תהי׳ עמוד ל״ג שאסף כרוזי חכמי ירושלים (תרל״ג) שאסרו לסעוד בסעודת אנשים עם נשים בחדר אחד.

(31) לשון הטור סי׳ ס״ה, וכ״כ המאירי כתובות דף י״ז ע״א מצוה לשמח את החתן ואת הכלה כדי לחבבה ומג״א סי׳ קנ״ו, וראה בשד״ח מערכת חו״כ שהעיר מדוע השמיט בשו״ע תיבת גדולה.

(32) ב״ש שם סק״א.

(33) שו״ע סי׳ ס״ה ס״א, שט״מ כתובות דף י״ז ועזר מקודש שם, ושו״ת באר שבע סי׳ ז׳ וחופת חתנים סי׳ י״ד אות ז׳, ושו״ת ישכיל עבדי ח״ח או״ח סי׳ כ׳ דעיקר המצוה היא לשמחם בדברים כמבואר בברכות דף ו׳ ע״ב אמר רב אשי אגרא דבי הלולי מילי ופרש״י לשמח החתן

14. It is a *mitzvah* to praise the *kallah*.[34] It is also a *mitzvah* to praise the *chassan*.[35]

15. Anyone reciting one of the seven *brachos* under the *chupah* or after the meal fulfills the obligation of increasing the *chassan's* and *kallah's* happiness. One who gives food or drink or speaks about the fine qualities of the *kallah* also fulfills the *mitzvah*. A prominent person fulfills the *mitzvah* just by his attendance.[36]

בדברים, וראה במח״ו עמוד תר״ב וז״ל השלימו סדריהם, מביאין את החתן אות הכלה, ומושיבין אותם בקתדראות זה כנגד זה ועושין להם מחולות סביבותיהם ויהללו להם במחול, בחורים וזקנים יחדיו וייטיבו נגן בשמחה ובשירים וראה במט״מ ח״ג הכנסת כלה פ״ב וז״ל דרך הפשט נראה כי עיקר המצוה הוא לשמח את החתן ולשבח ולהלל הכלה לפניו כדי שתהא חביבה עליו ולא תהא קלה בעיניו לגרשה וכו׳, אבל עכ״פ מצוה ג״כ לשמח הכלה ולרקד לפניה כמו שמצינו חכמים הראשונים שהיו מרקדים לפניה כדי לחבבה בעיני בעלה, ע״כ הרוצה יגמול חסד עם החתנים לש״ש ויכבדם וישבחם ע״כ וראה בהקדמת אמרי יוסף עה״ת במאמר שלישי עמוד י״ז ושמעתי שהגה״ק מראפשיטץ בהיותו דר אצל חמיו בדיקלא לקח לו דרך להיות בדחן על הנשואין לשמח חתן וכלה עיי״ש. וכ״כ רעק״א במכתב וצריכין לדקדק בזה לכל אחד כפי דרגתו, לבן תורה לשמחו בד״ת, כי הוא עיקר שמחה, ולאיש פשוט בשיחה בדברי אגדה, וליותר פשוט בשיחה נאה מילתא דבדיחותא במילי דעלמא. וראה שם מאמר חמישי עמוד כ״ה אות ז׳ במשך השנים שהיה (הגה״ק מספינקא) במונקאטש לקח לו דרך עבודה גדולה לשמח חתן וכלה, דהיינו אם אחד מידידיו החסידים עשה נישואין והזמין אותו הי׳ הולך ונעשה שמה סרסור טאנ״ץ מייסטע״ר לרקודין של מצוה לפני הכלה והי׳ לו בזה רעיונים נשגבים ורמים לייחד יחודים גדולים בעולמות העליונים, וגם לפעמים אמר איזה מילי דבדוחין וגראמי״ן בכוונות נוראות ונפלאות בשרשי חכמת האלקית כדרך שהיה נוהג רבינו הגה״ק מראפשיטץ זצ״ל. וכ״כ ילקוט מעם לועז פ׳ ויצא דבדחנים המסוגלים לשמח הבריות אם עושים כן לש״ש מובטח להם העוה״ב.

(34) שו״ע סי׳ ס״ה ס״א וראה בספר ישועות ישראל (תולדות הרה״ק מרוזין ירושלים תש״ה) שלפני חתונת בתו של הרה״ק מרוזין עם הרה״ק הצ״צ מוויזניץ זי״ע אמר הצדיק מרוזין צריכים לשבח החתן לפני הכלה, והכלה לפני החתן, הכלה היא נאה וחסודה, וכדומה דיבורים שונים עיי״ש.

(35) פרקי דר״א סופט״ז, וראה במדרש תלפיות ענף חו״כ אות ח׳.

(36) עזר מקודש סי׳ ס״ה סק״א, שנאמר תהלים ק״מ-ל״ט יעלזו חסידים בכבוד, וראה בשלחן העזר סי׳ ט׳ סק״ה שהגה״ק בעל בני״ש זי״ע כיבד לחתן רביעית יין.

16. Even one who does not partake of the meal should bring joy to the *chassan* and *kallah*.[37] However, one who eats the meal is obligated to do so.[38] Anyone who partakes of the meal without causing happiness to the *chassan* and *kallah* transgresses the verse which mentions the five expressions of joyous sounds with which *Hashem* blesses the Jews.[39]

17. It is customary to have a band at the *chasunah*.[40] After the destruction of the *Beis Hamikdash,* music was prohibited with the exception of a *chasunah*.[41] However, one should not rejoice[42] to the point of totally unrestrained mirth.[43]

18. The women should be careful that men should not hear their singing.[44]

19. Some say a *chassan* should not be carried on another person's shoulder;[45] rather, he should be lifted upon a chair.[46]

---

(37) ב״ש סי׳ ס״ה סק״א.

(38) פרישה שם אות ב׳.

(39) גמ׳ ברכות דף ו׳ ע״ב, והובא בטור סי׳ ס״ה והמשמחו זוכה לתורה ברכות שם.

(40) כנה״ג סי׳ ס״ה וראה בטור או״ח סי׳ של״ח בשם הראבי״ה שאין שמחת חו״כ בלא כלי שיר, וכ״כ במהרי״ל הל׳ עירובי חצרות וכ״כ בזכרון למשה סי׳ נ״ז שהח״ס זי״ע הקפיד שיהי׳ כלי זמר מנגנים בכל חופה.

(41) שו״ע או״ח סי׳ תק״ס ס״ג.

(42) יש״ש גיטין פ״א סי׳ י״ז והובא בטו״ז סק״ז ובמ״ב סי׳ תק״ס סקט״ז, וראה בנטעי גבריאל בין המצרים פרק נ׳ עמוד רי״ב.

(43) טו״ז שם סק״ז בשם הפרישה.

(44) שבט מוסר פכ״ד.

(45) רו״ח או״ח סי׳ תרס״ט סק״ח, וכה״ח שם ס״ק כ״ב משום דאיכא למיחש להרהורא כו׳, וק״ו היא ממה שאסרו לרכוב על החמור בלי אוכף כמבואר באה״ע סי׳ כ״ג ס״ו.

(46) פשוט.

20. The *badchan* (jester) should not speak foolishly, or *lashon hara* (malicious gossip).[47]

21. One who inadvertantly caused damage while making the *chassan* happy is not obligated to pay.[48] If he causes bodily damage, some say that he must pay,[49] others disagree.[50] Some say, presently, when we usually do not rejoice with such intensity, that even one who causes property damage must pay.[51] If the incidence of damage becomes widespread, the *bais din* may institute an obligation to pay for damages.[52]

---

(47) כ״כ רעק״א במכתב וצריך דקדוק גדול בזה שלא יהי׳ שום נגיעה ח״ו בהוללות ולהיות ערום בענינים אלו, ושיהא עפ״י דרכי המוסר ללמוד מה מהשיחות חולין שמדבר להחתן בנוגע להנהגה בדרך התורה ומסורה, וכ״כ בכלילת חתנים פי״א אות ג׳ הובא לעיל פכ״ח אות ל״ד.

(48) חו״מ סוס״י שע״ט בשם תה״ד סי׳ ר״י, וראה במ״ב סי׳ תרצ״ה סקי״ג שמחלק בין היזק גדול שמחיוב לשלם אף שלא כיוון.

(49) שו״ת הב״ח סי׳ ס״ב וכנה״ג סי׳ תרצ״ה הביאו המג״א שם סק״ז.

(50) מג״א שם בשם תה״ד ואגודה.

(51) ערוה״ש סי׳ תרצ״ה ס״ו לענין שמחת פורים וה״ה בנ״ד כן וע׳ בחנא וחסדא כתובות ח״א דף קכ״ח ע״א. וראה בנטעי גבריאל פורים (תנינא) עמוד קנ״ט ס״א.

(52) שם.

14

Sheva Brachos and the End of the Wedding

1. Our sages instituted that *birchas nisuin* are said at the time of *nisuin* and at any meal in honor of the new couple during the seven days following the wedding. They are said at the end of *Birchas Hamazon* on a cup of wine.

2. Two cups of wine are poured; one for the *birchas hamazon* and the other for the *sheva brachos*.[1] If one does not have enough wine for two cups, one cup may be used.[2]

3. If wine is not available, beer or another beverage that would be used in respectable company can be used.[3]

4. If there is no drink available, the six *brachos* are recited

---

(1) שו״ע סי׳ ס״ב ס״ט.

(2) עצי ארזים אה״ע סי׳ ס״ב סקי״ט, וברכת משה שער ס״ב סי״ח.

(3) שו״ע סי׳ ס״ב סעי׳ א׳, ודה״ח סדר ברכת אירוסין.

without a cup.[4] Others say the *brachos* are not recited.[5]

5. Both cups should be whole and clean. The cup should contain at least a *reviis* (3.3 ounces).

6. Some say both cups should be of equal size and value.[6] This is not an obligation.[7] If one cup is of greater value, it should be used for *birchas hamazon*.[8]

7. Some pour wine into the second cup following *birchas hamazon*.[9] Others say wine is poured into both cups before *birchas hamazon*[10] which is our custom.[11] Some say that if they are both poured before *birchas hamazon* each cup should be poured by a different person.[12]

8. The one reciting the blessing should lift the cup with both

---

(4) רמב״ם הל׳ אישות פ״י ה״ד ודה״ח, ועי׳ ח״מ סי׳ ס״ה סק״א, ודרישת ארי (אבן פינה) סי׳ ס״ב סק״א.

(5) טור סי׳ ס״ב וערוה״ש ס״ו, וב״ש שם ס״ק ב׳, וחינא וחסדא עמ״ס כתובות ח״א בהשמטות דף ל״ז ע״ב, ושו״ת התעוררת תשובה ח״ב סיף ק״ג וברכת הבית שער ס״ב ס״ו.

(6) עזר מקודש סי׳ ס״ב ס״א וכן מנהג צאנז, ואצל כ״ק אדמו״ר מצאנז קלויזנבורג שליט״א ראיתי שהקפיד למדוד הכוסות אם הם שוים לגמרי.

(7) וכמדומה שהעולם אין מדקדקים בזה רק לוקחים שני כוסות משונות.

(8) עזר מקודש שם.

(9) פרישה סי׳ ס״ב אות ח״י, וב״ש סקי״א, ובאה״ט סק״י, והגהות שי למורה שם, ומג״א סי׳ קמ״ז סקי״א לדעת הטוש״ע, וכ״כ בחכ״א כלל קכ״ט ס״ז, וקישו״ע סי׳ קמ״ט ס״א, וחופת חתנים סי׳ ח׳ אות י״ג.

(10) טו״ז שם סק״ז, ויש״ש כתובות פ״א סי כ״א, וכרם שלמה סי׳ ס״ב, ועזר מקודש שם, ועדות לישראל עמוד פ״ב הביא סיוע לזה מלשון מחזור ויטרי עמוד נ״ג שכתב ומניח הכוס לפניו ונוטל כוסו של חתן בידו, ומדלא קאמר מביאין אלא ונוטל ש״מ שהיה מוכן לפניו.

(11) כ״כ לקוטי מהרי״ח סדר נשואין ושובע שמחות פ״ד עמוד ע׳ אות ח״י.

(12) עזר מקודש סי׳ ס״ב ד״ה הזכרני.

hands and then hold it in his right hand.[13] A left-handed person holds the cup in his left hand.[14] Others disagree.

9. There is a custom to recite a poem which begins with דוי הסר.[15] Some do not say דוי הסר on *Shabbos.*[16] Others do.[17] Some do not have the custom to say דוי הסר at all.[18]

10. The words שהשמחה במעונו שאכלנו משלו are recited during the *zimmun.* It is incorrect to say ואכלנו משלו.[19]

11. Some authorities hold that all participants at the wedding meal may not leave before *birchas hamazon,* they are obligated to *bentch birchas hamazon* with a *zimun,* and they must stay for the seven *brachos* following *birchas hamazon.*[20]

---

(13) אם כי לא מבואר כן בפוסקים, אכן מבואר ברשב״ם פסחים דף ק״ו ע״א ד״ה קפיד, ומהר״ם חלוואה שם דף ק״ה ע״ב ד״ה וש״מ טעמו פגמו, לקידוש ולהבדלה, ולבהמ״ז, ולכל ברכות שתקנו לסדרן על היין וכ״כ בשו״ת אגרות משה ח״ד סי׳ ע׳ אות י׳.

(14) כמ״ש בשו״ע או״ח סי׳ קפ״ג ס״ה, וראה בנטעי גבריאל נשואין ח״ב עמוד קמ״א אות כ״ז.

(15) מקורו במהרי״ל הל׳ נשואין ודרישה סי׳ ס״ב אות ה׳ וב״ש שם סקי״א וטו״ז שם סק״ז וחיבר דונט בן לברט בעל הזמר של דרור יקרא בסעודת שבת וחי בתקופת הגאונים.

(16) ליקוטי מהרי״ח, וכן מנהג צאנז וסיגעט ועוד חסידים.

(17) מנהגי מהרי״ל הל׳ נשואין, וכ״כ במנהגי בעלזא עמוד פ״ג.

(18) לא נזכר בסידור הרב וכן בוויזניץ לא נהגו לאומרו, וראה במנהגי קאמרנא אות קכ״ד שאומרים רק בסעודה ראשונה של הנשואין, ולא בשאר בסעודת שבשבעת ימי המשתה.

(19) כ״כ יש״ש כתובות סוס״י י״ט שהתרעם על האומרים שהשמחה במעונו ושאכלנו משלו, וצ״ל שהשמחה במעונו שאכלנו משלו, דאין מברכין אשמחה אלא אאכילה, אלא שמזכירין מענינו נברך שהשמחה במעונו, כלומר שהשמחה אינה משלנו אלא ממעונו, במה נברך, נברכהו במה שאכלנו משלו, אבל אין מברכין במה שמשמחין, דזה ל״ש לענין ברכת המזון, ועוד הל״ל שמשמחים ממעונו, אלא סיפור דבר להזכירו מענינו, ובעוד שהרבה לומדים טועים בזה כתבתי כל זאת עכ״ל וע׳ בקישו״ע סי׳ קמ״ד ושו״ת חמדת משה סי׳ כ״א, וכן מוכח באה״ע סי׳ ס״ה סי״ג.

(20) דהנה יש לעיין על מי החיוב באמירת שבע ברכות על החתן או על העם הנאספים שבאים לשמוח בשמחת החתן והכלה, דעת הטו״ז סי׳ ס״ב סק״ט דחיוב הוא על העם הנאספים, וכ״כ

12. When one must leave early, he should stipulate before eating the meal that he is not halachically joining the guests. In this instance, one does not have to remain to recite *birchas hamazon* with three or ten other men. He also does not have to remain for the recital of the seven blessings.[21]

תבואות שור יו״ד סי׳ א׳ סקנ״ט דברכת חתנים נתקנה על הנועדים שם, וכ״כ בשו״ת נטע שורק אה״ע סי׳ י״ב, שו״ת לבושי מרדכי אה״ע סי׳ מ״ה שהחיוב הוא על העם ולא על החתן, וכ״כ בשו״ת אגרות משה אה״ע סי׳ פ״ז, דחיוב הוא על הנאספים בשעת נשואין לברך שבע ברכות, עפ״י המבואר ביו״ד סי׳ שצ״א ס״ג דיש מצוה לשמוע הברכות עיי״ש. אכן בויגד משה אות ו׳ הוכיח מדברי האורחות חיים הל׳ קדושין, שכתב וצריך החתן לענות אמן אחר כל ברכה שמברכין לו עכ״ל, משמע שחיוב הברכה הוא על החתן ומברכין במקומו.

ונפק״מ אי יש החיוב על כל המשתתפים בסעודת שמחת נשואין או סעודת שבעת ימי המשתה להיות שם גם בעת אמירת הברכות, דעת שו״ת דעת סופר סי׳ כ״ו, שו״ת אגרות משה או״ח סי׳ נ״ו, ואה״ע סי׳ פ״ז, שו״ת חשב האפוד סי׳ ט׳ בשם הגאון רבי צבי פראמער זצ״ל מקאזליקואוב, שחיוב על כל הנאספים לשמוע שבע ברכות לכן אין רשאים לחלק, אבל עי׳ בשו״ת מהר״י שטייף סי׳ ד׳, שו״ת מנח״י ח״ב סימן מ״ג, שו״ת באר משה ח״ג סי׳ ל״ב, שו״ת צי״א חי״א סי׳ פ״ד, שאין חיוב על כל המסובין להמתין עד סוף הסעודה בגלל השבע ברכות, רק שישתדלו שיהי׳ שם מי שיברך אותן השבע ברכות כדי לשמח חתן וכלה, לכן אם יש לו איזה ענין נחוץ לצאת א״צ להמתין עם הברכת המזון עיי״ש, וראה בנטעי גבריאל נשואין ח״א עמוד צ״ג וצ״ד.

וראיתי בשם הגר״ח מבריסק ז״ל לפרש מאמר הגמ׳ דכל הנהנה מסעודת חתן ואינו משמחו עובר בחמשה קולות, שביאורו שאינו ממתין עד השבע ברכות שבסוף, שזהו הפירוש של אינו משמחו, דהשבע ברכות הוא קיום השמחה וחייב בשבע ברכות מטעם מצות שמחת חתן וכלה, דהברכה הזו שמברכים להחתן ולהכלה היא היא הקיום שמחת חתן והכלה ע״כ.

(21) כ״כ א״א מבוטשאטש סי׳ קצ״ג, והגהות חכ״ש שם דהיכא שמכוין בהדיא בתחילת האכילה שלא להצטרף עמהם לא חלה חובת זימון, וכ״כ פנ״י ברכות דף מ״ה ע״א, קצות השלחן סי׳ מ״ד סק״ג, וראה בשו״ת אגרות משה או״ח סי׳ נ״ו שחידש כן מדנפשיה מדברי הרמ״א סי׳ קצ״ג ס״ג, שכתב בטעם המנהג שלא לזמן בבית העכו״ם דהוי כאילו אכלו בלא קבע, כיון שיש לחוש ולירא שישנו מנוסח הברכות ולא יאמרו הרחמן הוא יברך את בעל הבית הזה ועיי״ש שכתב ולא ידוע לי מקור דברי הרמ״א עיי״ש, ובאמת מבואר כן בהרא״ה ברכות בספרו פקודת הלויים, וריטב״א דף מ״ב ע״א, דעיקר אינו תלוי בישיבה יחד, רק בקביעות שיקבעו לאכול בחבורה אחת לאכול יחד ולהמתין זה לזה כדרך חבורה, ולעשות הזמנה לזה עיי״ש, א״כ היכא שאין דעתם להמתין זה לזה אין כאן חיוב זימון, וא״כ הה״ד בני״ד לענין חיוב שמיעת שבע ברכות.

13. Women may also not leave the meal before the seven blessings are recited, unless a stipulation is made before the meal.[22]

14. Some add a special blessing for the *chassan* and *kallah* before concluding *birchas hamazon*.[23] The word מגדול is recited in *birchas hamazon* instead of מגדיל.[24] The *chassan* says הרחמן הוא יברך את אשתי in *birchas hamazon* from the *chasunah* onwards.

15. After the recital of the six *brachos,* the one who said *birchas hamazon* says *hagafen on the cup that was used for the birchas hamazon.*[25]

16. The one honored with *birchas hamazon* should not speak until he drinks from the wine.[26] It is best for the entire assemblage to refrain from speaking until the wine is drunk.[27]

17. After reciting *hagafen* he must drink a *reviis.* If he is unable to, another man should listen to the *brachah* and drink a *reviis.*[28] It is preferable for the one reciting the *brachah* to drink a sip before the other man drinks a *reviis.*[29] If drinking so much wine

---

(22) אהלי ישרון עמוד פ״ג, בשם הר״מ פיינשטיין זצ״ל.

(23) אורחות חיים דיני בהמ״ז וחופת חתנים עמוד מ״ב .

(24) כה״ח סי׳ קפ״ט סקי״א כיון שיש אז הארה של מצוה עיי״ש.

(25) שו״ע סי׳ ס״ב ס״ט ובי״ש סק״ב, וראה במקנה בקונט״א ופת״ש סי׳ ס״ב סקי״ז.

(26) שו״ע סי׳ קפ״ג ס״ו ומ״ב סקכ״א דזה נכלל במה שאחז״ל אין מסיחין על כוס של ברכה.

(27) כ״כ בשובע שמחות פ״ד עמוד צ״ב לחוש לדברי הראשונים שדין אין משיחין קאי גם על המסובין והובא במג״א סי׳ קפ״ג סק״י, וא״כ גם לאחר בהמ״ז אין להם להשיח עד שתיית הכוס.

(28) שו״ע או״ח סי׳ ק״צ ס״ג, ביאור הלכה שם, כה״ח סקכ״א, ועי׳ בשו״ת ח״צ סי׳ קס״ח, שאילת יעב״ץ ח״ב סי׳ ס״ד.

(29) כה״ח סק״כ לחוש להשיטות דהוי ברכת הנהנין, וראה ברעק״א ס״ד שם, קשו״ע סי׳ מ״ה ס״ט ולחם הפנים שם.

poses a problem, a few men together drink the total of a *reviis.*[30]

18. Before the *chassan, kallah,* and other guests drink from the wine, some more wine should be poured from the bottle into each of the cups. Alternatively, wine is added to the first cup and then the wine from the two cups are mixed with each other.[31] This is done so that the cups should not be *pogum.*[32] *Pogum* refers to wine in a cup that has been previously drunk from without adding fresh wine. Others say that wine from which the leader of *birchas hamazon* drank is not considered *pogum.*[33] Therefore it is not necessary to add wine.

19. After drinking a *reviis,*[34] the wine of the two cups is mixed together.[35] One cup is then given to the *chassan* and those

---

(30) שו״ע סי׳ רע״א סי״ד, ועי׳ בתוס׳ שבת סי׳ רע״א סקל״ט, מ״ב סקע״ג דהיכא שיוצא ע״י שתיית כל המסובין צריך שלא ישהו ע״י שתיית כולם יותר מכדי אכילת פרס דלא עדיף מאם היה שותה בעצמו עיי״ש, ויפה השיג עליו באפוקי ים ח״ב סי׳ ב׳ דלהלכה אינו כן ואכמ״ל.

(31) שד״ח מערכת ברכות סי׳ ל״א בשם האדר״ת.

(32) טו״ז סי׳ קפ״ב סק״ד, שו״ע הרב סי׳ ק״צ ס״ה.

(33) מ״ב סי׳ קפ״ב סקכ״ד כתב דמה שהמסובין טועמין מכוס פגום אחר ששתה הוא לא איכפת לן כיון דמתחילה הי׳ כוס שלם וכלהו כחד חשובי, ובשעה״צ סקכ״ב כתב דהמקור הוא הרא״ש, ולא מצאתי ברא״ש דבר זו, והנה בהל׳ קידוש בסי׳ רע״א סי״ז כתב המ״ב בסקפ״ג דמצוה לכתחלה שישתו מכוס שאינו פגום, ובשעה״צ סקפ״ט כתב דכששותין כולם מכוס של ברכה אע״ג דהוא שותה מתחילה לא מקרי מכוס שאינו פגום דחשובין כמקדש גופא ורק כששופך מכוסו לכוסן בעינן שישפוך קודם שישתה בעצמו כמש״כ הרא״ש ע״כ, וצ״ל דמה שסיים כמש״כ הרא״ש, כונתו רק על הקטע האחרון דבעינן שישפוך קודם שישתה בעצמו שזה מבואר בהרא״ש כמו שציין בשעה״צ סקפ״ח ב״י והרא״ש, אבל לא על הקטע הראשון וכנ״ל דלא נמצא זה ברא״ש, אלא דקצת פלא הוא למה בהל׳ ברהמ״ז כתב דין זה במ״ב ובהל׳ קידוש כתבו רק בשעה״צ, ועוד יש להעיר שהרי המ״ב סי׳ תע״ב סקל״א כתב ואע״ג דבעינן לכתחלה כוס מלא וגם שלא יהי׳ פגום, הכא כיון דלהראשון היה כוס מלא כולהו אתיין מכח הראשון, ולכאורה הלא דבריו בסי׳ קפ״ב לא הוי כלל פגום כיון דמתחלה הי׳ כוס שלם, ואפשר שזה נכלל בכלל דבריו כאן.

(34) ערוה״ש אה״ע סי׳ ס״ב סקי״ח, ומקורו ממחזור ויטרי עמוד תר״ב.

(35) שד״ח מערכת ברכות סי׳ ל״א בשם האדר״ת, דדבר זה לערב הכוסות אינו רק מנהג כדי שיטעמו כולם משתי הכוסות.

assembled to drink from.[36] The other cup is given to the *kallah*.[37] Some mix the wine before the leader of *birchas hamazon* drinks.[38]

20. It is preferable that all the assembled should drink a small amount of wine.[39]

21. The *chassan, kallah*[40] and guests[41] are not obligated to drink; it is only preferable that they drink.

22. There was a custom to have a dance in front of the *kallah* after the meal. This dance is refered to as the *mitzvah* dance.[42]

---

(36) שו״ע סי׳ ק״צ ס״ד, דמצוה מן המובחר שיטעמו כולם.

(37) מחזור ויטרי עמוד תר״ב ותשובת רבינו אברהם בן הרמב״ם הנדפס בראש ספר מעשה רוקח, כה״ח סי׳ ק״צ סק״א, ערוה״ש הנ״ל, שלחן העזר סי׳ ט׳ ס״ב סק״ז, בירך את אברהם סי׳ ע״א סקט״ז שנהגו להטעים לחתן וכלה כיון שהמצוה נעשית בשבילם הם ראוים לטעום הכוס יותר מאחרים, וכ״כ אגרא דבי הלולי דף ל״א ע״א, שובע שמחות עמוד צ״ד סמ״ז, ועי׳ במחזור ויטרי עמוד רפ״ב שכתב שהחתן וכלה שותים מכוס אחת, וכתב בשלחן העזר סי׳ ט׳ ס״ה סק״ז, ולא נוהגים כן, מפני חשש שאסור לשתות כשאינה טהורה מכוס ששתה בעלה לכן המנהג כהנ״ל, ובכה״ח סי׳ ק״צ סק״א כתב אופן אחר שטועם המברך מכוסו ואחריו כל המסובים, והמברך שבע ברכות מכוסו ואחריו החתן וכלה.

(38) חופת חתנים סי׳ ט׳ אות כ״א, סידור בית עובד אות כ״ו, שיח יצחק דיני חתונה אות מ״ד.

(39) שו״ע סי׳ ק״צ ס״ד וסי׳ רע״א סי״ד.

(40) תשובת רבינו אברהם בן הרמב״ם הנדפס בראש מעשה רוקח, שמנהג נאות שהחו״כ יטעמנו ואין ראוי לצאת ממנו, עם היות שהתלמיד לא יחייבנו עכ״ל, משמע דמדינא ליכא חיוב.

(41) שו״ע הנ״ל באות י״ט.

(42) ראה באמרי פנחס אות תתקס״ו ובאור לשמים בסופו דף ר״ה וספר מאיר עיני חכמים עמוד רל״ח ודרך פיקודיך מצוה ל״ה שענין רקידה לפני הכלה הוא סודות בגנזי מרומים וגודל מעלת המצוה טאנץ ראה עוד בשלחן העזר ח״ב דף פ׳ ע״א אות ה׳ שהרה״ק מהר״ם מקאסוב זצ״ל לא הי׳ יכול להיות על חתונה ורקד עם הכלה בבגדי שבת איזה ימים לפני החתונה, וכ״כ בהערות שם דף קל״ב ע״ב שהרה״ק מהר״א מפארסאוו (נכד היהודי הק׳ זי״ע) שהיה חולה ובתו הכלה תבא תור הנשואין בקרוב והרגיש אשר הרגעים ספורים הלך במחול עם בתו הכלה ואמר בזה״ל ״שוין אבגעטאנצט״, אכן במדינת ליטא וכן חסידי חב״ד לא הנהיגו לעשות מצוה

Presently, this custom is mainly followed by Chassidim. Some authorities object to it. Following *birchas hamazon,* the *chassan* and *kallah* sit near each other prior to the *mitzvah* dance.[43] The *kallah* sits on the *chassan's* right side.[44] Some have the custom that the *chassan* sits with the men and the *kallah* sits near the women.[45]

23. At the *mitzvah* dance the *kallah* holds one end of a garment while a man, holding the other end, dances in front of her.[46]

טאנ״ץ וראה באמרי פנחס אות תתקס״ח שכתב בחתונה מרקדין תחלה סביב ואח״כ פב״פ, כי הוא נסורה ולכן היתה בריאת האדם אחר כל דבר, שהוא משמש פב״פ, ולכן עושין החתן מאל תחילה ואח״כ החופה.

(43) מחזור ויטרי סוס״י ת״ע ומושיבין אותם בכילה ומשוררים לפניהם קול ששון וקול ישמח חתן וכלה, וכ״כ בסוס״י תפ״ט נכנסו לבית חתונתו מושיבין אותם בקתדראות ויהללו להם בחורים וזקנים יחדיו, וכ״כ עוד בסי׳ תצ״ה מביאין את החתן ואת הכלה ומושיבין אותם בקתדראות זה כנגד זה ועושין להם מחולות סביבותיהם, ויהללו להם במחול בחורים וזקנים יחדו, וייטיבו נגן בשמחה ובשירים עכ״ל וכ״כ במנהגי מהריי״ו אות תתס״ח דבמצוה טאנ״ץ הושיבו החתן אצל הכלה והעיד כ״ק אדמו״ר מצאנז קלויזענבורג שליט״א שהי׳ בזו״ר חתן הגה״ק בעל עצי חיים מסיגעט זצ״ל שישבו אותו במצוה טאנץ אצל הכלה, וכן הורה כ״ק אדמו״ר מסאטמאר זצ״ל לחתן.ומכל הנ״ל יש להוכיח דרק החתן והכלה ישבו לחוד ולא ישבו שאר נשים אצלם, ומשבח אני מנהג שיכון סקווירא שיושבין חתן והכלה לחוד, ואח״כ ע״י הפסק שלחנות ישבו הנשים וכן נהג כ״ק אדמו״ר מפאפא זצ״ל, ולהבח״ל כ״ק אדמו״ר מקלויזענברג שליט״א בנשואי בניהם.

(44) כן ראיתי בספרים. ויש נוהגין שהחתן בימין ע״ד דכתיב השיב אחור ימינו.

(45) כן נוהגים צדיקי בית וויזניץ סקווירא ובאבוב.

(46) ז״ל הב״ח סי׳ כ״א ד״ה והמחבק וכתב מהרש״ל נ״ל כגון כלה לחבבה על בעלה או משום כבוד אביה, ות״ח ראוי להחמיר, ובמלכותינו נהגו ת״ח להקל בכלה, גם הגדולים שבדור, והיכא דנהוג נהוג, והיכא דלא נהוג איסורא איכא, והובא בח״מ שם ובב״ש ס״ק י״א, וכבר העיר באפ״ז סי׳ כ״א סקי״ט דאיך כל מאן דלביש גונדא דרבנן יקל על עצמו ויאמר שהוא גבור הכובש את יצרו וא״כ תורת כאר״א בידו לכן יש לבטל זה, וכ״כ ביפה ללב ח״ט אות ח׳ דכוונת הר״ח דנהגו לרקד היינו אם מרקדין נפרדין זה מזה ואינן נוגעין מיד ביד, רק ע״י בגדו והובא באוצה״פ סי׳ כ״א ס״ק מ״ו עמוד ל״ו, אכן הם דיברו להקל לאחוז בידיה ממש אבל בהפסק מטפחת לכו״ע שרי, וכ״כ מור ואהלות דף פ״ב ע״א המנהג מקומינו לרקד עם הכלה עם מטפחת דלא כתו״ח עיי״ש וכ״כ בכלילת חתנים פי״א אות ג׳ וז״ל וקרובי החתן וכלה מרקדים

Some dance in front of the *kallah* without holding the garment.[47]

24. The *kallah's* father is permitted to dance with the *kallah* holding her hands,[48] but many use a garment.[49] Some dance in front of the *kallah* neither holding the *kallah's* hand nor using a garment.[50]

עם הכלה בהפסק מטפחת וכ״כ בשלחן העזר ח״ב דף ע״ט ע״ב שכן נהג הרה״ק מקאסוב זי״ע ונהגו חסידים ואנשי מעשה וכן העיד בליקוטי מהרי״ח סדר נשואין שראה לגדולי הדור שנהגו כן, וכ״כ במנהגי קאמראנא אות קכ״ז, וכן נהגו צדיקי בית טשרנוביל וויזניץ ובאבוב ועוד, וכן נהגו אדמורי״ם מסאטמאר מצעליהם וכ״ק אדמו״ר מהרמ״ש מקאליב זכר צדיקים לברכה.

(47) תורת חיים ע״ז דף י״ז, דאפי׳ אינו אוחז בידה רק בהפסק מטפחת לאו שפיר עבדי שאחז״ל כיצד מרקדין לפני הכלה ולא עם הכלה, והבא בפת״ש סי׳ ס״ה סק״ב, וכ״כ בדברי תורה מהדורא א׳ אות ר׳ וליקוטי מהרי״ח סדר נשואין שכן נהג הגה״ק משינאווא זי״ע, וכ״כ בשלחן העזר ח״ב דף פ׳ ע״א וז״ל, וכן ראיתי אני את כ״ק מרן הגה״ק מופה״ד בעהמח״ס דרכי תשובה זצוק״ל, שהכלה היתה עומדת על מקומה והיה מרקד לפניה ברצוא ושוב, בקדושה ובטהרה בהתלהבות מלאכי אש צבאות בעצימות עיניו הטהורים ובהכאת כף אל כף בקול רנה חמרה לה׳ הטוב עכ״ד וכן נהגו כ״ק אדמור מפאפא זצ״ל ולהבחל״ח כ״ק אדמו״ר מצאנז קלויזענברג שליט״א לרקוד בלי מטפחת כלל.

(48) מור ואהלות דף פ״ב ע״א דמותר לרקד עם בתה הכלה אף מי שמתנהג בחסידות ופרישות דהא מדינא מותר לישן עמה בכסותם עיי״ש וכ״כ בהקדמת לחם שלמה (דרשות) אות כ״ט שהגה״ק משאמלויא זצ״ל הי׳ מרקד ביד כל נכדותיו הכלות ורקד עמהם בהלתהבות זמן רב עיי״ש [ואגב שאפי׳ עם נכדתו שהי׳ כלתו ג״כ רקד] וכ״כ בשו״ת באר משה ח״ד סי׳ קל״ב ושמעתי שאדמורי״ם מובהקים ומפורסמים רקדו עם בנותיהם כן וכן ראיתי לאדמו״ר אחד מבית אדמורי״ם אמיתיים שרקד כן עם בתו באחיזת ידים, ובודאי כן מנהגם מראש ומתחלת בית השושלת הזו עכ״ד, וכן נהג כ״ק אדמו״ר בעל מנח״א וכ״ק אדמו״ר בעל ויגד יעקב מפאפא וכ״ק אדמו״ר מקאסאן הי״ד וכ״ק אדמו״ר בעל אמרי חיים מוויזניץ זכר צדיקים לברכה, וכן נהגו גדולי אונגארן וסיפר הגה״צ מקיוואשד (קווינס) שליט״א שכן נהג הרה״ק רבי יצחק משטשין זצ״ל בנשואי בתו עם בן הרה״ק ר׳ מענדלע מזידשטוב זצ״ל, וכן נהג חותנו הרה״ק מקיוואשד זצ״ל בנשואי בנותיו ונכדיו בת בתו.

(49) כן נהגו צדיקי בית טשרנבול סקווירא ובאבוב ונדוורנא וכ״כ במנהגי מהריי״ו אות תשס״ח וכן העיד האדמו״ר מראזין שליט״א שכן נהגו צדיקי פולין ורוסיא, וכן נהג כ״ק אדמו״ר מפאלטשאן וקאליב זצ״ל בנשואי בנותיו לרקד רק ע״י מטפחת.

(50) כן ראיתי אצל מו״ר כ״ק אדמו״ר מפאפא זצ״ל, ולהבחל״ח כ״ק אדמו״ר מצאנז קלויזנבורג שליט״א אצל נשואי בתם.

25. The *chassan* holds his *kallah's* hand while dancing with her.[51] Some hold a garment.[52]

26. Some keep a veil on the *kallah's* face during the dance.[53]

27. Some have a custom for one to give *tzedakah* before dancing.[54]

28. Unmarried men should not dance in front of the *kallah*.[55] It is improper for unmarried men to be present at the *mitzvah* dance.[56]

---

(51) כלילת חתנים פי״א אות ג׳ וכן המנהג אצל חסידים ואנשי מעשה, וגודל הענין רקידת החתן עם הכלה ראה באור לשמים דף ר״ה ע״א.

(52) כן מנהג נדוורנא וכן הנהיג כ״ק אדמו״ר סקווירא זצ״ל בשיכון שלו, וסיפר כ״ק אדמו״ר מסקווירא שליט״א ששאל מהרבנית הזקנה הצדקית זצ״ל (מחברתו של כ״ק אדמו״ר בעל אמרי חיים מוויזניץ זצ״ל) אודות המנהג, והשיבה שלא ראתה מעולם אפי׳ אצל בעל בתים ברוסיא, שירקדו ביד, רק בהפסק מטפחת ע״כ.

(53) מנהג צדיקי וויזניץ וסקווירא וכן נהג כ״ק הגה״צ רבי צבי מייזליש מוויצען זצ״ל בנשואי בנותיו שיחיו.

(54) כן ראיתי אנשי מעשה נוהגים.

(55) שו״ת משנ״ה ח״ז סי׳ רמ״ט שח״ו יוכל לבוא לידי חשש הרהור, ולא יפה הם עושים שהולכים הבחורים עם החתן לפני החופה, לבעדעקען ומרקדים שם עם החתן לפני הכלה והנשים והבן.

(56) כן מנהג צאנז בעלזא וסקווירא וויזניץ ושמעתי דבחתונה של הגה״צ רבי אברהם פאלאק שליט״א האדמו״ר מבערעגסאז ב״ח של מרן הגה״ק מהר״א מבעלזא זי״ע, הכריז מרן בכבודו ובעצמו לפני ברהמ״ז, שהבחורים יצאו מהאולם.

Glossary

aliyah — calling one up to recite a blessing on the Sefer Torah.
aufruf — when a groom is called to recite a blessing on the Sefer Torah.
badchan — one who praises the wedding party, usually in rhyming verses.
bedekin — covering the bride's face with a veil before the chupah.
birchas eirusin — consecration blessings.
birchas hamazon — grace after meals.
brachah — blessing.
brachos acharonos — blessings after eating.
chassan — groom.
chasunah — wedding.
daven — pray.
eid (pl. eidim) — witness.
hagbah — lifting the Torah Scroll.
halachah (pl. halachos) — law
kallah —bride.
kedusha — (lit. sanctity) the prayer said during the principal prayer repetition.
kesubah — marriage document.
kiddushin — consecration.
kinyan — acquisition.
kittel — all-white garment.
kosel — the Western Wall.
ksav ashuris — the script in a Torah Scroll.
lashon hara — slander.
Maariv — evening prayer.
maftir — the last portion of the Torah read on Shabbos morning.
mechitzah — partition.
mekudeshes — consecrated, it refers to the bride being married to her groom.
mikveh — body of water for ritual immersion.

Minchah — the afternoon prayer.
minyan — a quorum of ten male adults.
mitzvah — Biblical or Rabbinic commandment.
Mussaf — additional prayer.
niddah — a woman's menstrual period.
pogum — defiled.
rishonim — early commentators.
Rosh Chodesh — the beginning (or thirtieth day) of the Hebrew month.
Rosh Hashanah — the beginning of the Hebrew year.
Rosh yeshivah — dean of a Hebrew school.
sefer — book.
Shachris — morning prayer.
Shema Koleinu — the sixteenth blessing in the principal prayer of the daily service.
Shemoneh Esrei — the principal prayer recited thrice daily.
sheva brachos — (lit. seven blessings) it also refers to the meals served in honor of the bride and groom during the week following their marriage.
sifrei Torah — Torah Scrolls.
Tachanun — (lit. supplication) recited following the principal prayer in the morning and afternoon prayers.
talmid chacham — Torah sage.
tenaim — betrothal contract.
tzedakah — charity.
yichud room — the room that a bride and groom are secluded therein following their chupah.
Yom Kippur — Day of Atonement.
zimmun — three or more adult males reciting grace after meals together.